Heinz-Georg Breuer

Embolo geht steil, Corona viral
(Teil 1)

Erzählendes Sachbuch

Fußball-Trip vom Rhein ins Land und zurück:
Der Kick des Karnevals, Hotspot Heinsberg,
Gladbacher Geistergrusel, Pappkameraden im Park

Coverfoto: Imago/Sven Simon

1. Auflage 2021

Druck und buchbinderische Verarbeitung:
Buchproduktion Finidr, s.r.o., Český Těšín

34131 Kassel, Landgraf-Karl-Str. 27, Tel. (0561) 31 74 36 46
www.Herkules-Verlag.de
ISBN: 978-3-945608-31-9

Inhaltsverzeichnis

Statistiken/Datentabellen

Teil 2 erscheint im Herbst 2021

ANPFIFF: Vom Kopf wieder auf die Füße?

Corona stellt die ganze Welt auf den Kopf. Auch wer nichts mit endgültigen Wahrheiten oder dürren Gemeinplätzen am Hut hat, kann dem Befund kaum ausweichen. Zugleich kommt mit dem Profifußball ein geschlossener Zirkel daher und erhebt Anspruch auf Beständigkeit – weiter wie bisher, auch wenn ringsum alles kollabiert. Oder doch eher: weitermachen, um wieder Normalität zu schaffen – was immer man damit meint?

Embolo geht steil, Corona viral. Mag der Schweizer Stürmer von Borussia Mönchengladbach mit kamerunischen Wurzeln noch so schnell zum Arbeitsplatz in den gegnerischen Strafraum eilen – das Virus ist schon da. Und nicht nur da, sondern auch im Mittelkreis in Mali, am Elfmeterpunkt auf Fidschi oder bei der Eckfahne in Peru. Oder bei einer WM in der Wüste am Persischen Golf, einer EM in zwölf Ländern Europas und am Würstchenstand auf der Bielefelder Alm. Wichtig ist den Anbietern halt, dass Pay-TV und Streamingdienste den Kick in die Welt übertragen. Virusgleich, ist man geneigt anzufügen.

Ist das der nackte Kern des Kickens, den Stephan Fischer im „Neuen Deutschland" bitterböse beschreibt? *„Ein Universum, das sich selbst als das wichtigste Nebenuniversum der Welt begreift. Und dabei wie ein Fußball nur um sich selber kreist, egal, ob jemand zuguckt oder nicht. Hauptsache bezahlt."*

Oder ist die „schönste Nebensache der Welt" doch umfassender, wenn man einen Ansatz des Verhaltensforschers Desmond Morris heranzieht? Der Engländer schreibt 1981 dem Fußball archaische wie religiöse Funktionen zu, unterfüttert mit einem Gedanken-Experiment: *„Ein Viertel der gesamten Weltbevölkerung legt die Hände in den Schoß, um sich ganz auf ein kleines Rasenstück zu konzentrieren, auf dem 22 bunt gekleidete Gestalten wie wahnsinnig hinter einem Ball herjagen. Was würde wohl die Besatzung eines Ufos dazu sagen, wenn sie diesen Vorgang auf dem Monitor verfolgte? Was würde sie ins Logbuch eintragen? Stammestanz? Ritueller Kampf? Oder vielleicht auch religiöse Zeremonie? In jedem Falle müsste sie daraus auf eine ganz besondere Bedeutung dieser Tätigkeit für die menschliche Spezies schließen."*

In der Tat. Auf den Intensivstationen geht es um Leben und Tod, in den Büros und am Bau um Kurzarbeit und Pleite, in der Schule um Bildung oder Dummheit. Und was machen wir? Wir palavern, wie man mit einem Mund-Nasen-Schutz eine Stadion-Bratwurst essen kann. Doch die Fußballseele ist längst auf der Flucht. Inzidenz über 50, R-Wert unter 1,0 sind Zahlen der Zeit und überlagern Klassiker wie den Anstoß „Pro 15:30" oder die Investorenregel „50+1".

Einmal vom Rhein ins Land und wieder zurück – lösen Sie Ihr pandemisches Fußballticket und folgen Sie uns auf eine reale wie surreale Rundreise mit Klempner Kalle, Makler Matthes und Rentner Rudi. Menschen wie du und ich, mit Wurzeln im Rheinland, das zwischen Neandertaler, Caesar und Bonner Republik den Namen vom „deutschen Schicksalsstrom" erhielt.

Nun Corona Teil 1: Der Kick des Karnevals mit dem ersten Hotspot in Heinsberg. Das erste Geisterspiel in Gladbach. Der erste Saison-Abbruch seit dem Krieg. Pappkameraden auf den Rängen. Ein Trip durch die Virus-Landschaft mit einem mehr oder weniger intimen Blick in deutsche Strafräume und Torwinkel. Vordergründig von der Rest-Saison 2019/20 bis zur Endphase der Saison 2020/21 (Teil 2 erscheint im Herbst), tatsächlich mit einem offenen Ende. So offen wie die Frage, ob die Welt nach oder mit dem Virus wieder auf die Füße fällt – und ob das auch der Fußball schafft.

I. Wie ein Virus sich zu Karneval verkleidet

Wer an jenem verregneten Mittwochabend des 11. März 2020 in Deutschland noch Fußball live am Rhein sehen will, muss schon wie die 100 Besucher auf der Theodor-Mostertz-Sportanlage in Lank mit der Nachholpartie der Oberliga Nordrhein zwischen dem TSV Meerbusch und dem Cronenberger SC (5:0) vorliebnehmen. Viel mehr geht auch höheren Orts nicht. Keine Zuschauer – nur die Spieler, Schiedsrichter, Betreuer, Offiziellen, Ordnungskräfte und Medienvertreter: Das 124. Rheinische Derby seit 1950 zwischen Borussia Mönchengladbach und dem 1. FC Köln (2:1) im Borussia-Park ist das erste Geisterspiel in der 57-jährigen Geschichte der deutschen Fußball-Bundesliga. Es bleibt nicht das einzige.

Leidtragende sind in erster Linie die ausgesperrten Fans. Wie Klempner Kalle, tätig bei einer Servicefirma, die für den Bayer-Konzern arbeitet, Leverkusen-Anhänger seit dem Bundesliga-Aufstieg Ende der Siebziger. Wie Makler Matthes, seit Anfang der 2000er Jahre Mitinhaber eines Immobilien-Unternehmens in einem Kölner Nobelviertel und treuer FC-Fan. Oder auch wie Rentner Rudi, einst Straßenbahnschaffner in Düsseldorf, der schon 1957 die Deutsche Amateurmeisterschaft des VfL Benrath im Stadion miterlebt. Oder ein Pensionär wie ich, geboren am Niederrhein, nach frühen Jobs im Rheydter Kabelwerk und bei der Düsseldorfer Justiz für drei Jahrzehnte als Journalist in den Harz ausgewandert, seit 1961 als Kind am Bökelberg und später im Borussia-Park Sympathisant der „Fohlen". Wir alle stehen seit Mitte 2020 mehr oder weniger ständig vor den Fragen „Couch oder Kurve?", „Sofa oder Seitenlinie?" und „Theke oder Tribüne?".

Keine zwei Wochen nach dem Geisterderby untersagt die Bundesregierung mittels nationaler Kontaktbeschränkungen grundsätzlich Begegnungen von mehr als zwei Personen in der Öffentlichkeit. Ausgelöst hat diesen Schritt das seit Ende 2019 von der chinesischen Elf-Millionen-Stadt Wuhan aus weltweit verbreitete Coronavirus SARS-CoV-2. Es kann beim Menschen zur Atemwegserkrankung Covid 19 bis zum Tod führen.

Am 9. März, zwei Tage vor dem Geistermatch, beklagt man mit einem 78-Jährigen aus dem 30 Kilometer vom Spielort entfernten Gangelt (Kreis Heinsberg) den ersten männlichen Toten in Deutschland durch das Virusgespenst. Der Kreis Heinsberg teilt mit: *„Im Zusammenhang mit einer Coronavirus-Infektion meldete das Krankenhaus Geilenkirchen heute um 14 Uhr den Tod eines 78-jährigen Patienten aus Gangelt ... Er starb an Herzversagen, bedingt durch seine Vorerkrankungen sowie die Anstrengungen bzw. Folgen der Corona-Infektion."*

Eine Sendung des Deutschlandfunks, „Die Heinsberg-Story" von Stephan Beuting, vermittelt später mehr über den Toten, einen ehemaligen politischen Weggefährten des Gangelter Bürgermeisters Bernhard Tholen mit dem Spitznamen „Der Jak". Tholen beklagt sich, dass „Bild" den Todesfall mit einem zehn Jahre alten Foto auf der Titelseite ausgeschlachtet habe: *„Wo sie das Bild auch immer her ... haben ... Dass er nun mal der erste war, der gestorben ist, stand ja nun mal in Bild auf der ersten Seite."*

Zu diesem Zeitpunkt sind laut bundeseigenem Robert-Koch-Institut (RKI) bei hoher Dunkelziffer weltweit rund 110 000 Menschen mit dem Virus infiziert. Am Ende der deutschen Fußballsaison 2019/20 sind es Anfang Juli – mit unaufhaltsam steigender Tendenz – mehr als zwölf Millionen. Davon stirbt weit mehr als eine halbe Million. In Deutschland (fast 200 000 Infizierte, über 9000 Tote) ist Nordrhein-Westfalen neben Bayern und Baden-Württemberg am stärksten betroffen. Allein 323 Infektionen ereilen bis zum 10. März den Kreis Heinsberg mit dem Selfkant nahe der niederländischen Grenze.

Es ist das Ereignis, das auch den Deutschen das Virus auf breiter Front in ihr Leben bringt. Gestartet wird der erste Corona-Hotspot im Lande wohl am 15. Februar im 800-Seelen-Ortsteil Langbroich-Harzelt der Gemeinde Gangelt auf der Kappensitzung der Karnevalsgesellschaft „Langbröker Dicke Flaa" mit 300 Gästen. Lange gilt für Behörden wie Medien ein 47-Jähriger aus dem Männerballett als Auslöser. Das ist zumindest nach „Spiegel"-Recherchen vom Februar 2021 mittlerweile in Frage gestellt. Ein weiterer Besucher an diesem Abend ist höchst ungebeten – auch er dem Anlass gemäß verkleidet: Unter dem Namen SARS-CoV-2 (Severe Acute Respiratory Syndrome Coronavirus 2) verkörpert er ein winziges Virus von 60 bis 150 Nanometern (milliardstel Meter) Größe. Seine Spike-Proteine an der Oberfläche stehen wie eine Krone (lateinisch „corona") ab, umgeben von einem „Kostüm" aus Lipid-Membran und Protein-Hülle. Sie krallen sich am menschlichen Zellgewebe an der Lunge fest. Darunter verbirgt sich ein Nukleoprotein mit eingebetteter Ribonukleinsäure (RNA), die genetische Informationen liefert. Das gierige Virus stößt beim Kappenfest auf fette Beute – kein Wunder bei einem prallen fünfstündigen Abendprogramm: vom Tanzmariechen über büttenredende „Schwaadlappe" bis hin zu Show-Formationen wie den „Zugeflogenen". Musikalisch zwitschern die „Dorfspatzen". Und höllisch hüpfen eben die „Teufelskerle", ein gutes Dutzend Männer, das seit der Session 2013/14 unter Anleitung der Langbroicher Tänzerinnen Linda Ronkartz und Laura Peters die Szene aufmischt. So nachhaltig, dass die „Geilenkirchener Zeitung" ausflippt. *„Die KG Dicke Flaa hat neue Helden"*, schreibt sie nach der Premiere. Und wenn das immer noch nicht reicht, dann folgen in den jecken Februar-Tagen 2020 Kinderkappensitzung, bunter Abend für Jung und Alt, Umzug durchs Dorf mit 4000 Teilnehmern und die „After-Zuch-Party", wiederum in der Bürgerhalle. Corona, was willst du mehr?

Nach Angaben des Ärztlichen Direktors Dr. Harry Elsbernd in der „Aachener Zeitung" kommt der infizierte Tänzer am Rosenmontag gegen 11.15 Uhr „fußläufig" in die Notaufnahme des Hermann-Josef-Krankenhauses in Erkelenz. Dort klagt er über Symptome wie Husten und Fieber seit dem 16. Februar, einen Tag nach der Kappensitzung. *„Bei der Aufnahme fiel bereits eine deutlich eingeschränkte Lungenfunktion auf."*

Der Betroffene betreibt seit der Jahrtausendwende eine Immobilienfirma im Nachbarort Birgden. Er mutiert über Karneval ungewollt vom anonymen Primoballerino zur Person der Zeitgeschichte. Während der Nacht zum Aschermittwoch verlegt die Düsseldorfer Feuerwehr den Mittvierziger mit seiner auch infizierten Frau vom Krankenhaus in Erkelenz in das Universitätsklinikum Düsseldorf. In der Landeshauptstadt ringt er mit dem tückischen Virus – künstliches Koma, maschinelle Beatmung. Vier Ärzte und zehn Pflegekräfte, die zuvor im Erkelenzer Krankenhaus mit dem Infizierten Kontakt hatten, werden nach Hause geschickt, erklärt Pflegedirektor Stephan Demus auf einer Pressekonferenz. Sie seien aber keine Verdachtsfälle auf eine Infektion, da sie keine Symptome aufweisen würden. Die Mitarbeiter *„sollen jetzt zwei Wochen zu Hause bleiben und eine Art Tagebuch führen"* – unter der Aufsicht des Gesundheitsamts Heinsberg. Auch in der Kölner Uniklinik löst der Vorgang laut „Kölner Stadt-Anzeiger" Aktivitäten aus. Dort hält sich der Heinsberger Patient zuvor am 13. und 19. Februar zu ambulanten Nachsorge-Untersuchungen in anderer Sache auf. Mehr als 40 seiner Kontakte, Klinik-Angestellte wie Patienten, werden auf Covid 19 getestet – alle negativ.

Es hilft nichts – drei Tage später erreicht Corona doch die Millionenstadt am Rhein. Auf Umwegen. Am 29. Februar wird das Virus bei einer 28-jährigen Kölnerin bestätigt, die auch Karneval in Heinsberg gefeiert hatte. Ebenso wie ein 41-jähriger Bundeswehr-Soldat, der bei der Flugbereitschaft auf dem militärischen Teil des Flughafens Köln/Bonn Dienst tut. Als seine Ansteckung im Bundeswehr-Krankenhaus in Koblenz nachgewiesen ist, wird das Kölner Militärgelände zeitweilig abgeriegelt. Als Falschmeldung erweist sich aber ein Eintrag auf der „WDR"-Internetseite, im Kreis Heinsberg solle ein Sperrbezirk eingerichtet werden. Landrat Stephan Pusch: *„Solange ich das Sagen habe, wird hier nichts gesperrt."*

Das neue Virus geht nicht spurlos an der Familie des infizierten Tänzers mit zwei Kindern vorüber. Dies belegt ein Facebook-Eintrag des Bruders vom 8. März: *„Mein Bruder und unser Geschäftsführer ist nach wie vor in Behandlung und befindet sich in einem stabilen Zustand, die kleinen Schritte, die er macht, geben uns Anlass zur Hoffnung ... Warum waren in Deutschland die Menschen mehrheitlich der Auffassung, das Coronavirus würde wie von Geisterhand an unserem Land vorbeiziehen? ... Glücklicherweise sind die medialen Meldungen vom ‚Ehepaar, welches die Karnevalssitzung besucht hat' zurückgegangen. Ja, unsere Familienangehörigen besuchten eine vor-karnevalistische Veranstaltung im Heimatort, aber natürlich unwissend, an einer Infektion erkrankt zu sein. Wenn jeder mit Husten oder ähnlichen Symptomen zuhause geblieben wäre, wären die*

Sitzungssäle an Karneval vermutlich leer gewesen und ‚Brings', ‚Kasalla' und ‚Querbeat' hätten keine Lieder singen können. Aber vielleicht wäre genau das die Lösung zur Eindämmung des Problems gewesen." Das „Heinsberg-Magazin" meldet am 27. März zum Patienten aus Gangelt: *„Nach einem sehr schweren Verlauf und einer komplexen Behandlung auf der Intensivstation kommt er mittlerweile ohne Beatmung aus. Er zeigt sich stabil verbessert und wird auf der Infektionsstation behandelt."* Die Ehefrau, die in einem Kindergarten in Breberen arbeitet, ist bereits aus der Klinik entlassen.

Birgden, Breberen – die Ortsnamen sagen in der Regel nur den auf dem platten Land im deutsch-holländisch-belgischen Grenzgebiet (Euregio Maas-Rhein) lebenden Einheimischen etwas. Doch im Juni gerät die Provinz virtuell sogar in den Blick des großen Deutschen Fußball-Bundes, der inmitten der Frankfurter Bankentürme residiert – sehr weit entfernt. Das gesteigerte Interesse des mächtigen Verbandes liegt sicherlich nicht darin begründet, dass zu dieser Zeit das Selfkant-Derby zwischen der SVG Birgden-Langbroich-Schierwaldenrath und dem SV Breberen in der Kreisliga A anstehen würde – der Zwölfte gegen den Achten. Wenn, ja wenn nicht gerade virusbedingt fußballfreie Zeit wäre.

Es ist ganz anders: Als die Corona-Welle durch die Gegend schwappt, stehen beim Zusammenrücken der Menschen vor Ort nicht zuletzt die Amateurfußballer der Spielvereinigung Birgden & Co. vorne an. Sie organisieren mit dem Fußball-Verband Mittelrhein (FVM), dem Kreis Heinsberg sowie einem Supermarkt in Birgden einen Einkaufsservice für Bedürftige aus der Gemeinde. Diese können – womöglich wegen eigener Infektion – das Haus in der Quarantäne nicht verlassen.

Davon erfährt in Manchester der deutsche Nationalspieler Ilkay Gündogan und übernimmt alle anfallenden Kosten. Ebenso die Finanzierung von Dankeschön-Paketen der Fußballer an die Pflegekräfte auf den Intensivstationen der drei Heinsberger Krankenhäuser und an das Personal der Rettungswachen des Kreises. Der City-Edelprofi erklärt via DFB später: *„Ich habe in England die Nachrichtenlage in Deutschland intensiv verfolgt. Bei mir hängen geblieben sind dabei die Bilder aus* *dem besonders stark betroffenen Kreis Heinsberg. Deshalb wollte ich genau dort eine Hilfsaktion starten, wo die Not am größten ist.*" Gündogan, später im September in Manchester ebenfalls infiziert, bekommt bei einer Video-Schalte in das „Aktuelle Sportstudio" des „ZDF" auch den Zungenbrecher der Birgdener Spielvereinigung unfallfrei über die Lippen. Große Worte in schwerer Zeit, wobei man eine Gemengelage zwischen Herzlichkeit, Berechnung und Hilflosigkeit erahnen kann.

Auch einige der beteiligten Amateurkicker infizieren sich im rheinischen Karneval. Der Fußballkreis Heinsberg mit 74 Vereinen und über 22 000 Mitgliedern ist die westlichste Organisationseinheit des DFB. Ranghöchster Klub ist der FC Wegberg-Beeck, früher SC Beeck, der beim Saison-Abbruch Tabellenführer in der fünftklassigen Mittelrheinliga und letztlich damit (zum dritten Mal) Aufsteiger in die Regionalliga ist. Bekanntester Aktiver der hundertjährigen Vereinshistorie ist Nationalspieler Christian Schreier, der 1988 mit Bayer Leverkusen den UEFA-Cup holt.

Wegberg hat weitere Bezüge zum bezahlten Fußball. So stammt von dort mit dem 2011 verstorbenen Norbert Pflippen einer der ersten deutschen Spielerberater. Seit den frühen Siebzigern hat der frühere Verwaltungsmitarbeiter bei der Kfz-Zulassungsstelle in Mönchengladbach Klienten von Günter Netzer und Berti Vogts über Stefan Effenberg und Lukas Podolski bis hin zu Box-Weltmeister Henry Maske unter seinen Fittichen. Nicht zuletzt Lothar Matthäus, der im März 1984 einen spektakulären Bundesliga-Transfer verkündet: Von seiner Geburtstagsfete im Gasthof „Molzmühle" in Wegberg-Rickelrath aus gibt der 23-jährige Nationalspieler live im „Sportstudio" seinen Wechsel von Borussia Mönchengladbach zu Bayern München bekannt. *„Der Estrich im Kaminzimmer war noch ganz frisch und das ZDF, das berichtete, baute neben der Mühle einen riesigen Sendemast auf"*, erinnert sich Mühlenchefin Brigitte Hoyer in der „Rheinischen Post".

Im August 2008 schafft es der FC Wegberg-Beeck als sechstklassiger Verbandsligist in die erste Hauptrunde des DFB-Pokals. Der Klub unterliegt dem Zweitligisten Alemannia Aachen beim „Grenzland-Derby" vor 8500 Zuschauern mit 1:4

Mit dem Mikro in der Hand: Die Heinsberger Radio-Moderatorin, Reporterin und „Sportschau"-Mitarbeiterin Lisa Tellers am Borussia-Park. Foto: Roseundgold

im nahen Borussia-Park. Mit dem VfL pflegen die Wegberger ansonsten (neben Saisoneröffnungsspielen im heimischen Waldstadion) seit 2006 eine Partnerschaft im Jugendbereich.

Ein weiteres Bindeglied zwischen Amateurverein und Bundesligist bildet Werner Tellers. Der Heinsberger, seit 1996 Inhaber eines Straßenbau-Unternehmens in Waldfeucht-Haaren, wird zu Beginn des Jahrtausends Borussia-Sponsor. Seit 2008 unterstützt er auch die Beecker. Noch einmal legt er eine rheinische „Schöppe" drauf nach dem Tod des Mäzens und Vorsitzenden Günter Stroinski im Februar 2020.

Verbindung in die Vitus-Stadt hält auch Tochter Lisa, Moderatorin bei Mönchengladbachs führendem Lokalsender „Ra-

Klein-Lisa als Sechsjährige auf dem Arm von Igor Demo, den sie am Bökelberg nur „Fußballgott“ nannten. Foto: privat

dio 90.1“. Dieser sitzt am Geroweiher, wo ich in dem Hochhaus an der Lüpertzender Straße im Sommer 2020 erst einmal einen Alarm auslöse, weil ich Hinweise an einer Zwischentür nicht beachte, als ich in den zweiten Stock strebe. Dort bin ich mit der Tellers-Tochter für einen neuen Borussia-Podcast verabredet. Sie ist seit 2018 auch freie Mitarbeiterin der „ARD-Sportschau“, nach eigenem Bekunden mit väterlicher Fürsorge „am Bökelberg groß geworden“. Beim Podcast „Mit Kopf und Fuß“ des Bildungsparks Mönchengladbach von Mario Künzel erzählt Tellers, wie sie damals im Sponsorenzelt am Bökelberg als kleines Mädchen von sechs, sieben Jahren schon mal leibhaftig vor dem Spieler Max Eberl stand oder von Toni Polster mit „mein Zuckerschneckchen“ begrüßt wurde. Mich begrüßt sie Ende August mit der Ansage *„Wir müssen noch warten, das Aufnahmestudio ist wegen eines Spots für die Kommunalwahl gerade belegt.“* Was soll ich sagen – der OB-Kandidat mit schlecht sitzender FFP2-Maske, dessen Auftritt alles verzögert, wird später jedenfalls nicht gewählt ...

Das letzte Aufeinandertreffen der beiden Vereine im August 2020 zum 100-jährigen Bestehen des Wegberger Klubs fällt der Corona-Krise zum Opfer. Die Jubiläumsparty wird auf später verschoben. Überhaupt stellt sich schnell die Frage, wann die Kicker im Kreis Heinsberg wieder ihrem Hobby nachgehen können. Wird die Saison fortgesetzt oder abgebrochen? *„Wir wollen wieder trainieren, spielen, hinterher gemeinsam wieder ein Bier in der Kabine trinken"*, sagt Birgdens Kapitän Mathis Burbach. *„Und wir würden uns besonders freuen, wenn wir zukünftig den einen oder anderen, dem wir in den vergangenen Wochen helfen konnten, bei einem unserer Heimspiele begrüßen könnten ... Ich würde mir wünschen, dass wir die gegenseitige Unterstützung auch langfristig wieder stärker in unserer Gesellschaft verankern könnten."*

Die formellen Voraussetzungen für diese guten, aber vermutlich auch frommen Wünsche werden zwischenzeitlich geschaffen. Am 21. Juni beschließt der außerordentliche Verbandstag des Fußball-Verbandes Mittelrhein, die Saison 2019/20 im Herren-, Frauen- und Jugendspielbetrieb auf Verbands- und Kreisebene abzubrechen. FVM-Präsident Bernd Neuendorf: *„Die Corona-Pandemie hat uns in den letzten Wochen viel abverlangt. Jetzt müssen wir nach vorn blicken."* Und weiter: *„Was den Beginn der Saison 2020/21 betrifft, so werden die spielleitenden Stellen zu gegebener Zeit auf Basis der behördlichen Verfügungslage ebenfalls eine Entscheidung treffen."* Vermutlich Anfang September, vorbehaltlich Corona. Der Präsident kennt sich mit derlei Regularien aus. In der Zeit von 2012 bis 2017 ist Neuendorf Staatssekretär im Ministerium für Familie, Kinder, Jugend, Kultur und Sport des Landes Nordrhein-Westfalen.

So kommt es dann auch. Kreisligist SVG Birgden-Langbroich-Schierwaldenrath startet auswärts am 6. September 2020 mit einem 1:2 beim FC Wanderlust Süsterseel in die neue Saison. Weit kommt man allerdings nicht. Ende November wird von der 5. Liga abwärts auch die neue Saison am Mittelrhein wegen drastisch gestiegener Infektionswerte in der zweiten Welle gestoppt. Das Topteam im Kreis muss hingegen am Anfang warten. Eine Woche vor Saisonstart wird wegen eines Corona-Falles im Umfeld von Rot-Weiß Oberhausen das Auftaktspiel bei Regionalliga-Aufsteiger FC Wegberg-Beeck abgesagt.

Klempner Kalle sorgt sich derweil bis zum Sommer, wie er seine halbwüchsigen Kinder in Opladen durch den digitalen Schulunterricht bringt. *„Wie hab' ich das damals eigentlich geschafft"*, denkt Kalle – in der zweiten Hälfte der Sechziger, als den NRW-Pennälern durch zwei Kurzschuljahre fast sechs Monate geklaut wurden, um die Einschulung von Ostern auf den Spätsommer zu verlegen? Da musste man durch, mit kurzen Beinen, Schiefertafel und Rechenschieber. *„Und heute können die Gören bei den Mathe-Aufgaben nicht mal unfallfrei mit Excel-Tabellen umgehen."* Kein Wunder, wenn Töchterchen Mira, knapp 18 mit Berufswunsch Influencerin, lieber das Tablet nutzt, um sich bei modischen Feeds von Huda Kattan oder Chiara Ferragni zu bilden ... Sohn Niklas, zwei Jahre jünger, steht mehr auf Fußball-Apps, bevorzugt als Ultra aber den Drittligisten MSV Duisburg.

Makler Matthes verdient im Homeoffice im Belgischen Viertel in der Pandemie noch ein paar Euro mehr, weil die Immo-Preise auch im Rheinland wider Erwarten steigen. Da scheint ja bei Kurzarbeit, drohender Insolvenz und Rezession die Nummer mit den Anlagen in sicheren Sachwerten immer noch zu ziehen. Matthes ist flexibel, neben dem Verkauf von Villen und schicken ETW macht er gern Geschäfte im hierzulande noch seltenen „Cohousing" – Siedlungen mit Gemeinschaftsanlagen im Eigentum der Bewohner, von denen es die ersten Projekte im Rheinland gibt. Am liebsten würde der lebensfrohe Mittvierziger ja eines am Rande des Siebengebirges aufziehen, wo er südlich von Bonn ein kleines Weingut vom Onkel mütterlicherseits geerbt hat. Etwa dort, wo der Vater vom rockenden „BAP" Wolfgang Niedecken herkam.

So etwas wie Cohousing gibt es schon in der Nähe von Rentner Rudi im Osten Düsseldorfs. Ein früheres Gestüt bei Hubbelrath, das 1460 von einem Mann mit dem schönen Namen Ritter Wilhelm von Haus zu Haus errichtet wurde – als Wasserburg. Rudi hat noch andere Neuerungen erlebt, etwa die achtachsigen Straßenbahn-Triebwagen auf der Linie Rath–Benrath. Doch Ende der Sechziger war Schluss, es kam die schaffnerlose Zeit. Türöffner außen und innen, dazu Karten-Entwerter. Rudi fand einen Job in der Verwaltung. Im Moment hat er andere Sorgen. Er will als Risikopatient mit 80, Bluthochdruck, Diabetes 2 und ein paar Kilo Übergewicht nicht auch privat schon die Endstation erreichen. Und denkt krampfhaft nach, wie man Corona-Infekte beim Enkel-Besuch im Reihenhäuschen bei Hubbelrath vermeidet – dort, wo der Hund zwischen Deponie, Kaserne und Golfplatz begraben liegt.

Und ich? Eine Rückblende mit einem Sprung an den Anfang des Pandemie-Jahres – mit einer „Konferenzschaltung" ähnlich der Bundesliga im „WDR", seit Ewigkeiten samstags ab 15.30 Uhr. Früher ging alles einfacher, zeitlich gesehen. Samstags war Badetag, erst für einen selbst, am Nachmittag wurde dann der Wagen gewaschen – im Rudel und mitten auf der Straße – und im Autoradio auf UKW die Bundesliga gehört. Wenn man denn nicht im Stadion war. Die Liga spielte nämlich auch immer samstags, damals. Gut, das mit den Chemikalien im Abwasser muss nicht sein, aber alles andere hätten sie besser so gelassen. Heute springt man mal schnell zwischen dem Chor im Sonntags-Gottesdienst und dem Flohmarktbesuch unter die Dusche, fährt die Kiste bei jedem Taubenschiss in die Waschanlage, und gekickt wird freitags, samstags, sonntags, montags. In Englischen Wochen auch dienstags, mittwochs.

Tun wir doch einfach mal so, als würden Anfang 2020 zwei „WDR"-Reporter, nennen wir sie Manni und Heribert, ganz fiktiv wie einst im Mai auf den Kommentatoren-Plätzen sitzen.

Manni: *„Hallo Heribert, hier ist Manni. Ich melde mich aus der Bürgerhalle in Gangelt im Kreis Heinsberg. Mein Gott, was ist das für eine Stimmung an diesem 15. Februar unter den 300 Besuchern. Es ist Narrenzeit, 19.11 Uhr, die Sitzungspräsidenten Stefan Keulen und Jens Fleischer eröffnen gerade das Langbroicher Kappenfest. Prinz Martin der Erste überrascht die Gäste. Zum Einzug in den Saal mit angetrauter Prinzessin Roswitha der Ersten zückt er beim Prinzenlied eine Mundharmonika und bläst mit. Das kommt gut an hier an der Quellstraße – hinter der Dorfkirche St. Marien, neben der Freiwilligen Feuerwehr …"*

Heribert: *„Manni, ich muss dich leider unterbrechen. Bei eurem Anpfiff in Gangelt hat es auch hier bei uns in der Merkur Spiel-Arena, 60 Kilometer weiter östlich am Ufer des Rheins, einen Pfiff gegeben. Einen Abseitspfiff. Gerade hat nämlich Borussias Mittelfeld-Prinz Florian Neuhaus vor 51 000 Zuschauern im Nachbarduell bei Fortuna Düsseldorf getroffen – aber es zählt* *nicht. So bleibt es kurz vor der Halbzeit beim 1:1. Ach übrigens, 'n Abend allerseits!"*

Die „Fohlen" gewinnen mit 4:1. Mit dem gleichen Ergebnis unterliegen die Kölner „Geißböcke" am nächsten Tag daheim gegen Tabellenführer Bayern München. Beide Partien ergeben zusammen über 100 000 Besucher. Die intensive Suche nach dem „Null-Patienten", der das Virus zuvor ins Rheinland gebracht hat, ist seither erfolglos und wird es wohl auch bleiben.

Bei meinem eigenen Spielbesuch an diesem 15. Februar in der Merkur Spiel-Arena und einem anschließenden Abstecher in die rappelvolle Düsseldorfer Altstadt ist das Coronavirus an einem fast frühlingsmilden Februar-Abend nur am Rande ein Thema. Eingeladen zum Spiel bin ich als Mitglied der „Harz Connection", die auf den Spuren der Vereine im Westen die reichhaltige Fußball-Landkarte beackert. Mario Hoffmeister, Goslarer Ex-Stadtsprecher und mittlerweile PR-Chef des Spielautomaten-Betreibers und Düsseldorfer Stadion-Sponsors Gauselmann aus dem westfälischen Espelkamp, organisiert den Trip. Weiter sind mit dabei: Frank Heine, Redakteur der „Goslarschen Zeitung" und bis zu meiner Pensionierung 2019 samt Rückkehr ins heimische Rheinland über 20 Jahre lang mein Kollege im Harz. Ebenso: Der Goslarer Rüdiger Domnick, Manager bei der französischen Großbank BNP Paribas in Hannover. Der Mann genießt unter norddeutschen Fußball-Globetrottern einen legendären Ruf, weil er Tickets für jedes noch so begehrte Match bekommt. Das WM-Halbfinale 2014 in Belo Horizonte mit dem deutschen 7:1 gegen Gastgeber Brasilien war noch eine seiner leichteren Übungen ...

Auf unserer Autofahrt zum Spiel im vornehmen Düsseldorfer Stadtteil Stockum schnieft Hoffmeister vernehmlich hinter dem Steuer. Er erklärt entschuldigend, dass er sich in der Vorwoche bei einer Dienstreise nach London stark erkältet habe. Da kann ich als frischgebackener Rentner mithalten. Ich berichte, mich gerade zehn Tage lang mit einem quälenden Husten geplagt zu haben. *„Das chinesische Virus wird's ja wohl nicht gewesen sein ...",* füge ich beiläufig hinzu.

Monate später bin ich anders drauf: *„Ehrlich, Frau Doktor, ich könnte schwören, dass ich Corona schon gehabt habe. Ende Ja-*

nuar, als ich flach gelegen habe. Mit meiner chronischen Raucher-Bronchitis, wie ich dachte." Um die mit Verzögerung aufgekommene Infektions-Vermutung gleich zu relativieren: Ein von meiner Hausärztin auf meine Kosten veranlasster Test Mitte Mai verläuft negativ. „*Keine IgG-Antikörper gegen SARS-Cov-2 nachgewiesen*", schreibt das Düsseldorfer Labor.

Vor dem Eingang zum Stadion legen wir im Februar noch einen Halt ein. Eine Bratwurst draußen erscheint uns lohnender als irgendwelche Häppchen beim Sponsor drinnen. Old-School-Fans halt. Als zur Halbzeitpause gegen 19.20 Uhr die Loge 11 auf der West-Tribüne wegen eines kurzen Stromausfalls dunkel wird, blüht der Flachs an den Stehtischen ungebremst weiter: „*Waren das jetzt auch die Chinesen?*" Wuhan ist so weit weg.

Die Menschen vor Ort haben andere Gesprächsinhalte und Vorfreuden – trotz des angekündigten Sturmtiefs „Victoria". Am Rhein steht nur zwölf Stunden nach dem Nachbarduell im Fußball das nächste Spektakel am frühen Sonntag an: großes Biwak der Düsseldorfer Prinzengarde. Die Altstadt brummt lange vorher. Zurück zur fiktiven Konferenzschaltung.

Heribert: „*Das Spiel ist seit 20.30 Uhr vorbei, mit der S-Bahn geht es für viele gleich drei Stationen weiter in die Altstadt zur längsten Theke der Welt. Überall Menschen, auch hier in einer Rockkneipe in der Bolker Straße ist fast kein Durchkommen mehr. Wie läuft es bei euch in Gangelt, Manni?*"

Manni: „*Kurz nach dem Schlusspfiff bei euch ist auch der erste Teil des Kappenfests mit der Formation ‚Sang- und Klanglos' zu Ende gegangen. Passend zur Fortuna, nicht nur farblich wie bei der Tanzgarde ‚Rot-Weiß'. Aber es geht sang- und klangvoll weiter. Mittlerweile rückt der Zeiger auf 22 Uhr zu. Und jetzt steigt das Männerballett ‚Teufelskerle' auf die Bühne. Beim Elferrat wird unablässig die schwarze Flagge des Balletts geschwenkt. Da kommen sie, in weißen Hemden, dazu dunkle Schürzen mit einem weißen Schriftzug. In der Hand kranzförmige Träger als Requisit. Damit erbringen die Mannen tänzerisch eine Hommage an den Köbes. Unsere treuen Hörer wissen: Das ist jener seit dem 19. Jahrhundert als mürrisch dreinblickender Mensch bekannte Kellner, der in rheinischen Brauhäusern dem Gast das Bier serviert.*

Buchautor Heinz-Georg Breuer (2.v.l.) in der Düsseldorfer Merkur Spielarena mit Rüdiger Domnick, Frank Heine und Mario Hoffmeister (v.r.). Foto: Gauselmann Gruppe

Stadtwerke Düsseldorf
HITACHI

Ja, auch heute noch unter Einhaltung ritueller Gepflogenheiten praktiziert in Düsseldorf, Köln oder Bonn.“

Reporter Manni behauptet mittlerweile das Mikrofon für sich allein: *„Jetzt tobt der Saal, als die Teufelskerle mit der postmodernen Köbes-Hymne der ‚Bläck Fööss‘ zur Zugabe ansetzen: Drink doch ene met / stell dich nit esu ann / du stehs he die janze Zick erüm / Hässt du och kei Jeld / dat is janz ejal / drink doch met unn kümmer disch net drümm.“*

Gesagt, getan. Hier wie dort. Beim Fußball-Absacker im Hotel in der Nähe des Düsseldorfer Bahnhofs macht in der Bar nebenan ein wuseliger Frauen-Kegelclub die Nacht zum Tage. Irgendwann deutlich nach Mitternacht ist dann auch in der Bürgerhalle von Langbroich die Kappensitzung mit dem Schlussauftritt der „Fire Flames“ offiziell vorüber. Manni und Heribert sprechen das Schlusswort: *„Das war unsere Konferenz. Zurück ins Studio. n’ Morgen allerseits!“*

Beim Frühstücksbüfett im Düsseldorfer Hotel am Sonntag gelangt Einschlägiges aus den Morgennachrichten von „ntv“ erst spät unter „Vermischtes“ auf den Flachbildschirm an der Wand. Zwischen Vierminuten-Ei und Müsli erfahren wir, dass 120 Deutsche nach Quarantäne aus einer Kaserne in Germersheim entlassen worden sind, alle negativ getestet. Sie waren von der Luftwaffe aus Wuhan ausgeflogen worden.

Warum sollte man sich auch Sorgen machen? Noch Anfang Februar hatte Bundesgesundheitsminister Jens Spahn in der „ARD“ erläutert, Deutschland sei für einen Anstieg von Coronavirus-Infektionen gut gerüstet. Angesichts von zehn Infizierten bundesweit könne man aber „noch lange nicht“ von einer Epidemie sprechen. Sechs Wochen später erklärt der mit 86 Jahren in der Hochrisikogruppe angesiedelte Düsseldorf-Sponsor Paul Gauselmann: *„Ich bin sicher, dass es nach Überwindung dieser Krise eine noch bessere Zukunft für uns alle geben wird.“* Rien ne va plus – die 700 Glücksspielhallen des Konzerns in ganz Europa sind längst dicht. Betrieb und Produktion werden gedrosselt, Kurzarbeit angemeldet. Hinzu kommen zehn deutsche Spielbanken-Standorte und Hunderte von Sport-Wettshops. Statt Spielautomaten fertigt die insgesamt 14 000 Mitarbeiter zählende Firma Einlass-Ampeln für den

Einzelhandel. Noch im November 2020 wird auch die gesponserte Merkur Spiel-Arena umfunktioniert: Dort entsteht das Impfzentrum Düsseldorf, in zehn Logen auf der Ostseite wird später das Vakzin gegen das Coronavirus verabreicht.

Mitte Februar gibt es in der NRW-Landeshauptstadt jedenfalls noch keinerlei erkennbare Vorkehrungen für das Virus. Ich erinnere mich gerade einmal daran, bei der Begrüßung kurz mit dem Handschlag gezögert zu haben. Gab es da nicht schon einschlägige Empfehlungen in der Presse? Am Sonntagmittag verlassen wir bei stürmischen Winden Düsseldorf über die Rheinkniebrücke – der eine zurück nach Ostwestfalen, die anderen in den Harz, ich ins nahe Mönchengladbach. Keiner ahnt, dass ein winziges Virus in kurzer Zeit jede geografische Grenze aufheben wird.

Auch Ex-Redakteurskollege Heine lässt sich sicherlich nicht träumen, dass er nur gut drei Wochen später beruflich mit einer von „Deutschlands Hoffnungsträgerinnen" telefoniert. So bezeichnet kurz vor Ostern der „Stern" Heidrun Schößler. Sie ist Leiterin des 70-köpfigen Kreisgesundheitsamts von Heinsberg. Die 53-Jährige stammt aus Lutter und ist mit dem Redakteur in den Achtzigern auf das Goslarer Ratsgymnasium gegangen, ebenso wie PR-Mann Hoffmeister und Banker Domnick. Nach den Stationen Goslar, Salzgitter und Düren ist die Fachärztin für Chirurgie 2009 in Heinsberg gelandet.

Schon am 30. Januar ruft das Heinsberger Gesundheitsamt Reiserückkehrer vor allem aus China zu Verhaltensmaßnahmen auf. Später hat die Amtsleiterin Schößler rund um die Uhr zu tun – bis sie selbst infiziert wird. Ein Osterbesuch bei der fast 90-jährigen Mutter in der Heimat muss ausfallen. Einige Zeit nach dem Infektions-Ausbruch listet Schößler in der Wochenzeitung „Die Zeit" Zahlen auf: 2700 Anrufe innerhalb von 36 Stunden am Wochenende nach Karneval. 20 000 Einträge in der Datenbank zur Ermittlung von Kontaktpersonen der bestätigten Infizierten. Auf den Zeitkonten von rund 80 Verwaltungsmitarbeitern stapeln sich 5800 Überstunden.

Schößlers Chef, Heinsbergs Landrat Pusch, übertrifft seine Amtsleiterin durch Nutzung eines Hashtags (#hsbestrong) auf Facebook und Twitter noch an Außenwirkung. Zudem besorgt er ihr einen raren Kontakt. Der 51-Jährige bittet Chinas

Staatspräsidenten Xi Jinping per Brief um Hilfe für die Kreis-Krankenhäuser. Schiere Verzweiflung oder kühles Kalkül? Die Aktion verschafft dem Juristen Pusch jedenfalls Lob aus dem Ausland und Kritik in heimischen Gefilden.

Die britische „Times" spricht von „Germany's Wuhan" - tatsächlich wird sogar eine Städtepartnerschaft zum Thema. Bundestagsabgeordnete hingegen rügen eine unbotmäßige Unterstützung der Propaganda-Bemühungen Chinas – angesichts dessen Rolle beim Ausbruch der Virus-Krise. Pusch erklärt im Nachrichtenmagazin „Der Spiegel": *„Zu der Zeit meines Briefes an die chinesische Regierung bestand die konkrete Gefahr, dass Personal in Krankenhäusern und Pflegeheimen ohne ausreichende Schutzkleidung arbeiten musste. Da war ich gezwungen, nach jedem möglichen Strohhalm zu greifen. Politische Überlegungen standen da außen vor.* " Im Polit-Magazin „Cicero" wird Pusch noch direkter: *„Mir sind Chinesen, die helfen, lieber als Amerikaner, die den Weltmarkt aufkaufen.* "

Ein Webauftritt der chinesischen Botschaft in Deutschland dokumentiert: Die Hilfe setzt zunächst auf privater Basis ein. Im März machen sich die Mittdreißiger Liu Yang und Shen Zhengning von den Alumnis der „Beijing Foreign Studies University" (BFSU) mit einem Minivan von Frankfurt aus auf den Weg. Sie gehören zu einer der vier Organisationen chinesischer Ex-Studenten in Deutschland, die während des Corona-Ausbruchs von Wuhan Hilfsgüter für die Heimat gesammelt haben. 25 Kisten mit Schutzbekleidung, die übrig geblieben sind, landen in Heinsberg. Im Kreisgesundheitsamt nimmt Vize Dr. Ralf Ortmanns sie in Empfang.

Die Botschaft der Botschaft, die auch das chinesische Generalkonsulat in Düsseldorf eingeschaltet hat: *„Die Lieferung der beiden chinesischen Ex-Studenten sollte eine lange und intensive Zusammenarbeit zwischen Heinsberg und chinesischen Behörden besiegeln. Der Heinsberger Landrat Stephan Pusch hatte schon am 25. Februar einen Krisenstab gebildet ... schrieb Herr Pusch am 23. März einen Offenen Brief an die chinesische Regierung und bat um Lieferung von Schutzmaterial ... Die drei Krankenhäuser im Kreisgebiet benötigen nach eigenen Angaben insgesamt 4000 Schutzkittel und 1200 Mundschutzmasken – täglich. Aus China* *kamen prompt 15 000 Mund-Nasen-Masken. Seither sind viele kleinere und größere Lieferungen aus China in Heinsberg eingetroffen, teils von der Regierung, teils von privaten Spendern.*" Mit globalen Botschaften und Social Media hat der Landrat Pusch, mittlerweile auf vielen Kanälen aktiv, bis dahin nicht so viel gemein. Der Kreis Heinsberg hat aber besagten Hashtag inzwischen markengeschützt. #hsbestrong geht zurück auf eine Idee des Heinsberger Unternehmers Frank Reifenrath von Ende Februar. Tage später folgt auf „YouTube" eine Musik-Variante des Heinsberger Duos „Rock & Glam" mit Michael „Maika" Jürgens und Deniz Gülpen: *„Heinsberg stay strong / lass uns zusammenhalten / Heinsberg stay strong / lasst euch nicht unterkriegen.*"

Dass sich aus Hamburg auch Kinderlied-Autor Rolf Zuckowski mit einem Mutmacher-Song per Video an die Heinsberger wendet, versteht sich von selbst: *„Wir schaffen das schon / wir schaffen das schon / wir sind ja nicht alleine / Wir kommen bestimmt / wir kommen bestimmt / auch wieder auf die Beine.*" Hatte der 72-Jährige doch 2018 mit seinem Gastauftritt beim Musical „Eisprinzessin trifft Väterchen Frost" in der befreundeten Rurtal-Schule Oberbruch, Förderschule des Kreises Heinsberg, seine lange musikalische Schaffenszeit beendet. Ebenfalls aus Hamburg meldet sich Altrocker Udo Lindenberg, wenn auch wegen der Pandemie nicht mehr vom Dauerwohnsitz im Fünfsterne-Hotel „Atlantic". Er war vom Landrat kurzerhand zum Auftritt tief im Westen (pardon, das ist ja Herbert Grönemeyer aus Bochum) eingeladen worden. Westfale Lindenberg aus Gronau kalauert jedenfalls auch in Corona-Zeiten in altbewährter Manier: *„Schwere See, sagt der Panik-Sailor.*" Leider könne er nicht „livehaftig" kommen, weil er für die nächste Tour plane. Immerhin wünscht er: *„Bleibt coole Socken!*"

Abgerundet werden die Durchhalte-Appelle von zwei lokalen Werken. Eines stammt vom Straetener Musiker Heinz Randerath, ausgelöst durch einen Corona-Todesfall im Bekanntenkreis und – unplugged – der betroffenen Familie gewidmet: *„HS, be strong / das ist unser Motto / und wir pus(c)hen uns an jedem neuen Tag / Was auch passiert / wir stehen zueinander / wir sind ein Kreis / mit Herz und mit Gefühl.*"

Die weitergehende Idee, daraus Anfang Mai mit großem

Bahnhof den Titel „HS be strong – unser Song für Heinsberg" zu machen, ist nicht überall unumstritten. Irgendwie kommt es einem auch so vor, als würden die Gefühle der Menschen für das Showbiz ausgenutzt. Für Landrat Pusch hat das Stück indes bei einer Pressekonferenz mit örtlichen Würdenträgern auf der Kreishaus-Wiese „das Zeug zu einer richtigen Hymne". Eine Art 1980er-Benefit à la „We are the world" für den Kreis Heinsberg schwebt dem Harbecker Musiker und Ex-„Höhner"-Gitarristen Ralf „Ralle" Rudnik vor. Er produziert den Song mit vielen heimischen Akteuren auf CD – der Reinerlös geht an die „Aktion Kinderlachen". Doch Heinsberg ist nun mal nicht Äthiopien und schon gar nicht der afrikanische Kontinent, Randerath und Rudnik sind weder Lionel Richie noch Bob Geldof. So gibt es auch deftige Negativ-Urteile im Netz, wie die Bewertung „grenzdebiler Schmusesong" oder „gut gemeint, aber zum Fremdschämen".

Das zweite Werk wird auf Basis eines älteren Playbacks eingespielt vom singenden Urgestein Georg Wimmers, bis 2014 Leiter der Grundschule in Wegberg-Beeck und aktuell Vorsitzender des Heimatvereins als Träger der Beecker Erlebnismuseen: *„Hey: hsbestrong! / We all walk along. / Hey: hsbestrong! / You'll never walk alone.*" Mit der sportlichen Anleihe ist das die lokale Selfkant-Variante zum englischen Beat-Shouter Gerry Marsden („& the Pacemakers"). Die Pandemie umspannt auch nach Noten die Welt.

Weniger solidarischen Zuspruch erfährt der Kreis Heinsberg im Dreiländereck. Es liegt vielleicht daran, dass die benachbarten Holländer schon grundsätzlich eine gelassenere Einstellung zu lebensbedrohlichen Groß(wetter)lagen haben, weil sie mit ihrem Territorium zu einem Viertel unter dem Meeresspiegel liegen und mit dem Rest nur wenig darüber. Den lakonischen Schluss, dass man trotz aller Deiche und Dämme irgendwann im Meer versinken könnte, habe ich bei Holland-Urlauben schon wahrgenommen – an der Nordseeküste oder drinnen am Ijssel-Meer, das einen der drei Delta-Arme des Rheins aufnimmt. Ebenso bei meinen Zeitungsartikeln über die Auswanderbörse „Emigratie Beurse" in Utrecht. Was bei allem Fatalismus nicht ausschließt, dass im ständigen Ringen um Land die Niederländer zugleich weltweit gefragte Experten im Hochwasserschutz sind. Spätestens seit dem Sommer 2010 auch in China, als das schlimmste Hochwasser seit vielen Jahrzehnten gegen die Drei-Schluchten-Talsperre am Jangtsekiang drückt. Diese besitzt das größte Wasserkraftwerk der Welt mit einer Generator-Nennleistung von 22,5 Gigawatt. Wo genau? In der Provinz Hubai, nahe Wuhan ...

Belgien hingegen schottet sich gegen Kontakte ab, berichtet die „taz". Das Nachbarland verschärft mit der Notregierung von Premierministerin Sophie Wilmès gleich im März 2020 die Maßnahmen – Ausgangssperre und Grenzsperrung zu Deutschland und den Niederlanden, weil man die Einschleppung von SARS-CoV-2 aus dem Kreis Heinsberg befürchtet. Im Oktober wird Wilmès, mittlerweile Außenministerin, mit dem Coronavirus infiziert und muss auf die Intensivstation.

Im August, ein halbes Jahr nach der Kappensitzung, stehen Jens Fleischer und Stefan Keulen wieder dort, wo sie am 15. Februar als Sitzungspräsidenten vor jubelnden 300 Jecken gestanden haben. Diesmal ist nur der Redakteur Moritz Küpper von „Deutschlandfunk Kultur" dabei. Jetzt nämlich wollen die Einheimischen reden – über die Zeit, in der sie *„wie eine Sau durchs Dorf gejagt worden sind, als ob das hier die Quelle allen Übels ist"*.

Die verklinkerte Bürgerhalle, im Alltag auch Ersatz für die fehlende Ortskneipe, präsentiert sich heute leer und verlassen. An der Stirnseite die Bühne in dezentem Grau mit weinrotem Vorhang, von der Decke mit schwarzen Strahlern angeleuchtet, mit fünfstufigen Treppchen als Bühnenaufgang eingefasst. Hinten die Theke. Die Karnevalisten erklären den Sitzplan. *„Tische, Bänke links und rechts, ich glaube sieben Reihen Tische, die natürlich beidseitig mit Bänken gestellt sind. Oben der klassische Elferrat mit Prinzenpaar."*

Am Rosenmontag 2020 interessierte sich für solche Details noch niemand. Bis dahin war die Welt für die Gangelter in Ordnung. *„Ja, Veilchendienstag bis zum späten Nachmittag auch noch." – „Oder frühen Abend. Die Kinder lagen schon im Bett, weil sie am nächsten Tag zur Schule mussten, und dann kam der Anruf."* Keulen: *„Wir wollten nie groß berühmt werden mit unse-*

rer Kappensitzung." Dafür sorgt eine mediale Welle: *„Ab 9 Uhr klingelt das Telefon im Zehn-Minuten-Takt.*" Erst Printmedien, dann die TV-Sender. Unter dem Druck der Quarantäne ist das nicht lustig. Nach mehreren Stunden verweisen die Jecken an die Kreis-Pressestelle. Dann gehen sie entnervt vom Netz.

Noch einmal wollen sie 2020 in die Halle – zum Fischessen. Das ist am Aschermittwoch schließlich auch ausgefallen. Die zweite Welle ist noch nicht angerollt. Keulen und Fleischer bilanzieren: *„Erstens kommt es anders und zweitens als man denkt. Da ist was dran.*" – *„Jawohl. Allerdings, besonders dieses Jahr!*"

Das schon Ende 2019 beginnt. Erste Nachricht über das Virus ist ein Post des chinesischen Augenarztes Li Wenliang vom 30. Dezember, der als Screenshot im World Wide Web landet. Der 33-Jährige warnt vor sieben in Wuhan isolierten „SARS"-Fällen – der Lungenkrankheit von 2002/03. Lo Yi-chun, der Vize des taiwanesischen Seuchenschutzzentrums CDC, wird bei dem vom Netzbürger „nomorepipe" auf dem Internet Bulletin Board System PTT hochgeladenen Post auf eine angehängte chinesische Website mit CT-Bildern und Laborbefunden aufmerksam. Um 10.31 Uhr meldet die Agentur „dpa" an Silvester: *„Eine mysteriöse Lungenkrankheit ist in der zentralchinesischen Metropole Wuhan ausgebrochen.*" Informant Li wird von der Polizei wegen Verbreitung von Gerüchten gemaßregelt, später aber rehabilitiert. Er infiziert sich bei einem Patienten und stirbt Anfang Februar. In der Provinz Hubai werden Wuhan und 17 andere Städte mit 60 Millionen Menschen abgeriegelt.

Zu dieser Zeit gibt es auch die ersten Fälle in Deutschland. Eine Chinesin steckt beim Seminar eines Automobilzulieferers im Kreis Starnberg einen Mitarbeiter an, 15 weitere Personen werden infiziert. Der „Deutschlandfunk" berichtet darüber erstmals am Morgen des 27. Januar. Als die meisten Patienten wieder aus der Klinik in München-Schwabing entlassen sind, sagt Prof. Clemens Wendtner, der Chefarzt Infektiologie und Tropenmedizin, am 20. Februar der „Süddeutschen Zeitung": *„Wir hoffen, dass es das war.*"

Amtliche Zahlen über das Infektionsgeschehen im Landkreis Heinsberg (NRW) zum Stichtag 1. Juli 2020	
Einwohnerzahl (EW)	254 322
Inzidenz	767,1 Infizierte je 100 000 EW
Bestätigte Fälle	1952 (seit 26. Februar)
Inzwischen genesen	1820
Todesfälle	83

Ausgewählte Städte/ Gemeinden	Fälle	Genesene	Verstorbene
Erkelenz	104	96	6
Gangelt	485	470	12
Geilenkirchen	227	219	5
Heinsberg	462	432	29
Selfkant	135	128	5
Wassenberg	68	63	3
Wegberg	46	42	1
Quellen: Gesundheitsbehörden Bund / Land NRW / Kreis Heinsberg			

II. „Alles, was dem Rheinländer Spaß macht"

Der Heinsberger Landrat Stephan Pusch entwickelt sich zu einem der bekanntesten Deutschen in der Corona-Krise. Bei der NRW-Kommunalwahl am 13. September wird er mit rund 80 Prozent der Stimmen im Amt bestätigt. Im Schloss Bellevue verleiht ihm am 1. Oktober Bundespräsident Frank-Walter Steinmeier das Bundesverdienstkreuz. Bei der Eindämmung der Pandemie habe Pusch Pionierarbeit geleistet. Viele seiner Maßnahmen seien von anderen Kreisen in der Bundesrepublik übernommen worden. Steinmeier: *„Sein beherzter Appell ‚Das Medikament heißt Solidarität' hat über den Landkreis hinaus den Menschen Mut gemacht und wurde weltweit vernommen."*

Landrat Pusch prägt am 16. März auch den schillerndsten Spruch der Pandemie: *„Alles, was dem Rheinländer Spaß macht, ist herunter gefahren."* Ein Satz, der nicht nur – letztlich stellvertretend für die ganze Gesellschaft – die Dimension der Krise verdeutlicht, sondern auch ihren Anfang. Es ist eine Karnevalsfeier in Gangelt, bei der das Virus sich verbreitet. Es ist kurz darauf der Kreis Heinsberg, der mit dem Status des ersten Hotspots eine dramatische Wende im öffentlichen und privaten Leben der Deutschen in Gang setzt.

Der Zusammenhang mit dem Karneval im Rheinland, der den Heinsbergern ungerechte, unverdiente und böse Schmähungen eingetragen hat, lässt auch diese Lesart zu: Mit der ersten amtlich bestätigten Infektion am späten Abend des Veilchendienstags, an dem der Karneval endet, und dem folgenden Aschermittwoch, der traditionell eine 40-tägige Fastenzeit bis Ostern einläutet (die Sonntage werden nicht mitgezählt), wird auch das soziale Umfeld der Menschen zunehmend auf Sparflamme geregelt. Entbehren, soziales Fasten - nichts anderes drückt Pusch mit seinem Spruch aus.

„Alles, was dem Rheinländer Spaß macht". Auch wenn es die Fastnacht, den Vorabend der Fastenzeit, schon bei den heidnischen Germanen gab, auch wenn Karneval (volkstümlich hergeleitet vom mittellateinischen „carne vale" = „Fleisch, leb'

wohl") von Rio bis Venedig, von Echternach bis Basel gefeiert wird: Hier und heute dominiert das vor allem katholisch geprägte Rheinland unter Einschluss von Rheinhessen. Köln, Düsseldorf und Mainz spielen in der ersten Jecken-Liga – Aachen, Bonn, Münster, Leverkusen, Mönchengladbach, Krefeld, Duisburg, aber auch entferntere Solitäre wie Frankfurt oder Karlsruhe in der zweiten Klasse. Eines haben sie gemeinsam: Alle diese Städte, außer Bonn, sind oder waren in der Fußball-Bundesliga vertreten. Und diese ist auch etwas, das dem Rheinländer (und nicht nur ihm) Spaß macht. Inmitten der kickenden Fohlen, Böcke, Zebras, Adler und Löwen haben die Aachener mit dem „Orden wider den tierischen Ernst" noch eine Sonderstellung.

Köln ist als Narrenhochburg das Real Madrid der Jecken und in der Kombi aus Karneval und Kicken so etwas wie Derby County, zuletzt trainiert von Wayne Rooney. Im Mittelalter entstand in der englischen Grafschaft Derbyshire der „Royal Shrovetide Football", bei dem Hunderte von Veilchendienstag bis Aschermittwoch am Stück Volksfußball spielen. In den seit Menschengedenken geübten Disziplinen (Karneval im 3. Jahrtausend v. Chr. in Mesopotamien, Fußball im 3. Jahrhundert v. Chr. in China) stehen die Kölner bei der Etablierung moderner Erscheinungsformen hierzulande seit langem an der Spitze. Nach bewegter Vergangenheit der Fastnacht und schier unüberschaubarer Vielfalt von Bräuchen und Sitten war es 1823 das „Festkomitee Kölner Karneval", das sich zur Mutter des geregelten Jeckentums aufschwang.

Ganz so früh und eindeutig war die Kölner Vormachtstellung im Fußball nicht. Erst 1948 gegründet, ist der 1. FC Köln 17. und bester Rheinland-Klub der 167 Vereine umfassenden Ewigen Oberligatabelle, aber nur 9. der Ewigen Bundesligatabelle, hinter Mönchengladbach (6.) und noch knapp vor Leverkusen (10.). Was jedoch die Professionalität in der Kickerbranche anbelangt, so stand ein Name in den 1950er und 1960er Jahren in Deutschland ganz vorn: Franz Kremer. Das lag auch daran, dass der deutsche Fußball nach dem Krieg eine recht halbherzige Sonderrolle einnahm. Als das Deutsche Reich mit der Kapitulation am 8. Mai 1945 unterging, schlug die Stunde Null nur bedingt – der alte Geist und die alten Geister waren ja nicht auf einen Schlag weg. Der DFB schuf im Jahre 1949 das „Vertragsspielerstatut". Der Fußballer war kein lupenreiner Amateur mehr, aber auch kein richtiger Profi, denn es hieß: *„Der Spieler muss einen Beruf ausüben."*

Das führte zu verwirrenden Rechtsfragen. Eine davon ließ FC-Boss Kremer höchstrichterlich lösen. Gleichwohl kam eine kölsche Mischung aus Klüngel und Karneval heraus beim Urteil des Bundessozialgerichts vom 20. Dezember 1961 (Aktenzeichen 3 RK 65/57). Es beendete einen achtjährigen Rechtsstreit, der damit begann, dass die AOK den Oberligaklub 1. FC Köln aufforderte, für seine beiden Kicker Fritz Breuer und Franz Becker Beiträge zur Kranken- und Rentenversicherung der Arbeiter zu zahlen. Der FC weigerte sich und klagte gegen die Krankenkasse. In letzter Instanz nahm das Gericht ein abhängiges Beschäftigungsverhältnis an und bejahte eine Versicherungspflicht. Der Kern der Begründung blamierte die DFB-Advokaten bis auf die Knochen: Die Bezüge würden *„offensichtlich auch von den Vereinen und dem DFB als Gegenleistung für die erbrachte Tätigkeit des Spielers, nicht aber als Aufwandsentschädigung angesehen; denn andernfalls wäre es nicht verständlich, warum die Vertragsspieler aus dem Kreis der Amateure ausscheiden, die nach § 1 des Amateurstatuts Fußball spielen, ohne dafür direkt oder indirekt ein materielles Entgelt zu erhalten"*.

Intellektuell weniger anspruchsvoll waren die FC-Anwälte bei ihrem Rückzug: Wenn Beschäftigungsverhältnis, dann bitte in der Angestelltenversicherung. Zwar seien die Spieler keine Artisten (also Selbstständige) ... aber Angestellte, *„weil die geistige Tätigkeit gegenüber der körperlichen überwiegt. Nicht entscheidend ist die körperliche Kraft des einzelnen Spielers, sondern seine Fähigkeit, in jeder Lage des Spiels rasch die Situation zu erfassen und sie im Zusammenspiel mit den übrigen Spielern zu meistern"*. Vielleicht hätte man die Rechtsanwälte damals als Artisten versichern sollen ...

Zwei Jahre später, 1963, startete endlich nach ständigem Drängen Kremers die Fußball-Bundesliga als zentrale (und damit international konkurrenzfähige) oberste Spielklasse in

Westdeutschland. Der 1. FC Köln wurde prompt mit großem Vorsprung erster Deutscher Meister nach neuem Spielmodus.

Kicken und Karneval. Dieser K.u.K.-Adel verpflichtet. Seit Klubgründung setzt der FC mit einer eigenen Sitzung närrische Akzente. Schon die zweite Sause bekam historisch angehauchte Qualität: 1950 übergab die Zirkusdirektorin Carola Williams im Winterquartier „Williamsbau" als Glücksbringer einen Geißbock. Er wurde erfreut angenommen, dem Spielertrainer Weisweiler auf den Schoß gesetzt und nach ihm „Hennes" benannt. Seither dienen das Tier und seine Nachfolger in mittlerweile neunter Generation als FC-Maskottchen.

Der halbfeste Winterbau der Zirkusfamilie in Höhe des Aachener Weihers diente von 1947 bis 1955 als größte Kölner Mehrzweckhalle mit einer Kapazität von 2500 Zuschauern. Hier boxte 1948 Lokalmatador Peter Müller, machten Louis Armstrong 1952 Jazz und Konrad Adenauer 1953 Politik. Noch wichtiger für die kölsche Seele: Die Jecken proklamierten hier ihre Dreigestirne. Als der Verleger Alfred Neven DuMont am 9. Februar 1955 zum Prinz Karneval gekürt wurde, machte man gar die Konkurrenz stark: Durch „So ein Tag, so wunderschön wie heute" schafften die „Mainzer Hofsänger" mit der Komposition von Lothar Olias aus dem Jahre 1951 den Durchbruch.

Das thematisch eng verwandte postmoderne „Tage wie diese" der benachbarten Düsseldorfer „Tote Hosen" von 2012 kann da nicht mithalten. Auch wenn sich Kanzlerin Angela Merkel nach der Bundestagswahl 2013 beim Sänger Campino telefonisch entschuldigte, dass die CDU bei ihrer Siegesfeier öffentlich auf dem Song „rumgetrampelt" sei. Selbst die Kölner Truppe „De Höhner", bei der sich mit dem Wegberger Gitarristen Ralle Rudnik (von 1999 bis 2007) und dem Erkelenzer Keyboarder Micki Schläger (seit 2015) zwei Musiker aus dem Kreis Heinsberg in der Band-Vita tummeln, kommt gegen die Hofsänger nicht an. Immerhin sind die gackernden Karnevalsrocker („Viva Colonia") Schöpfer der FC-Vereinshymne. 1998 nahmen sie sich das schottische Traditional „The Bonnie Banks of Loch Lomond" vor und legten darauf den Text „Mer stonn zo dir FC Kölle".

Lange Nase: Mottowagen „Carneval contra Coronavirus" beim Düsseldorfer Rosenmontagszug. Foto: Imago/Kraft

Bis zum nächsten Meilenstein in der närrischen Fußball-Historie dauerte es. Dann passierte dies: Der FC wurde eingetragener Karnevalsverein. Es fügte sich 2015, dass Vizepräsident Markus Ritterbach zugleich der Chef des Festkomitees Kölner Karneval war. So konnte er seine Vorstandskollegen

vom Geißbockheim mit Präsident Werner Spinner an der Spitze zu einem Aufnahmeantrag überreden. Eine Hilfe war 2014 die erstmalige Teilnahme mit eigenem Wagen am Rosenmontagszug, verbunden mit einem Integrationsprojekt: Acht FC-Spieler zogen mit – begleitet von acht geistig beeinträchtigten Nachwuchskickern. Diese kamen aus dem nahen Fußball-Leistungszentrum Frechen (FLZ) bei der Gold-Kraemer-Stiftung. Es ermöglichte den jungen Talenten, Fußball unter professionellen Rahmenbedingungen als „Werkstatt-Beruf" mit den Trainern Malte Strahlendorf und Willi Breuer auszuüben.

Kölle Alaaf, Düsseldorf Helau. Mit dem Schlachtruf setzt sich die Landeshauptstadt schon einmal vom Branchenführer ab. Sportlich-närrisch laufen die Fortuna-Kicker meist hinterher. O-Ton 2016 auf der Homepage: *„Auch in diesem Jahr ist der Traditionsverein aus Flingern, der durch die Beteiligung am ‚jecken Treiben' nicht mehr aus der Gesellschaft … wegzudenken ist, fester Bestandteil des Düsseldorfer Karnevals – denn die fünfte Jahreszeit kennt keine Tabellenstände."* Dafür aber Hochstapelei, obwohl doch die Kölner über Jahrhunderte das Stapelrecht am Rhein hatten …

Als man es schon nicht mehr erwartet, folgt im Februar 2020 zum 125-jährigen Vereinsjubiläum doch noch ein Highlight: Vorstellung von Fortunas Karnevalswagen eine Woche vor Rosenmontag – Enthüllung live in der Wagenbauhalle an der Merowinger Straße: *„Fünf Meilensteine der langjährigen Vereinsgeschichte finden sich auf den Seiten des Wagens wieder."* Die letzten: Oberligazeit Anfang 2000, Relegations-Rückspiel gegen Hertha 2012 (mit Ausschreitungen und gerichtlichem Nachspiel), Zweitliga-Meisterschaft 2018. Na ja, Humor haben sie, die Düsseldorfer … Sogar einen ganz bitteren: Auf einem der Mottowagen von Jacques Tilly im Rosenmontagszug dreht das Carnevalsvirus dem Coronavirus eine lange Nase. Auch hier sieht die Realität anders aus.

Mainz bleibt Mainz? Im Leben nicht. Das enthüllte die „FAZ" im Januar 2019: *„Mainz 05 wagt endlich mal echte Fastnacht: Die erste Sitzung der Vereinsgeschichte ist ein weiterer Baustein in der Arbeit am Image."* Noch nie in 114 Jahren hätten die Nullfünfer sich über den Zug am Rosenmontag hinaus närrisch betätigt, habe Vorstand Stefan Hofmann angemerkt. Genau dies als Alleinstellungsmerkmal habe aber eine Leitbildumfrage ergeben. Mit der Zurückhaltung solle Schluss sein: *„Der selbsternannte Karnevalsverein will seinem Ruf fortan auch außerhalb der Stadien gerecht werden."*

Selbsternannter Karnevalsverein? Ja und nein. Die Story zielt auf einen Song der Mainzer Comedy-Rockband „Se Bummtschacks“ aus den Neunzigern. Mit „Ihr seid nur ein Karnevalsverein“ griff die Truppe den gegnerischen Fan-Spott auf. Bis 05-Manager Christian Heidel, so sagte er 2014 der „Welt“, den Spieß umdrehte: *„Dann haben wir uns das als Marke zu eigen gemacht.“* Fortan heißt es zu den „Beatles“-Noten von „Yellow submarine“: *Wir sind nur ein Karnevalsverein, Karnevalsverein, Karnevalsverein / Doch wir schenken euch noch einen ein / der Karnevalsverein, der Karnevalsverein.*

Frontmann der „Bummtschacks“ ist ein gewisser Sven Hieronymus, und mit ihm ging die Geschichte 2019 weiter. Bei besagter Jungfernsitzung der Nullfünfer stand der Comedian Hieronymus, der auch im Aufsichtsrat des Klubs sitzt, auf der Bühne und zog die Kicker per gereimtem Frage-&-Antwort-Spiel durch den Kakao: *„Wer hat die Schuhe falsch gebunde ...?“* – der Saal grölte *„Kunde, Kunde!“* Kunde Malong aus Kamerun war gerade sechs Monate in Deutschland und noch nie auf einer Fastnachtssitzung. So glaubte er den Kollegen unbesehen, dass er jetzt nach oben auf die Bühne müsse, lief laut „FAZ“ beim verdutzten Hieronymus auf und ließ sich feiern.

Eine andere Episode um unverstandene Meenzer Fastnachtslaute auf dem afrikanischen Kontinent erzählte 2014 die „Welt“, ohne selbst das Maximum an (geschichtlichem) Verständnis aufzubringen. Allen Ernstes erklärte die Zeitung, dass die „Humba“ gar nicht im Stadion entstanden sei, *„was außerhalb von Mainz kaum mehr bekannt ist“*. Also jene Zeremonie eines nach dem Spiel ausgeguckten Kickers, die per Megaphon mit dem Kommando *„Gebt mir ein H!“* beginnt und mit Tänzen vor der Fan-Kurve endet: *„Wir singen Humba, Humba, Humba, Täterä!“* Humbta, um genau zu sein. Das Lied, das zur Verblüffung von „Welt“ und Fußball-Fans bei „Mainz bleibt Mainz, wie es singt und lacht“ zu hören war. Gesungen von Thomas Neger, Enkel des legendären Karnevalisten Ernst Neger. Der Opa hatte 1964 das Lied von Toni Hämmerle uraufgeführt. Was 60 Minuten Programm-Überziehung ergab, weil die Besucher der Live-Sendung nicht mehr aufhörten zu singen. Vermutlich im ZDF, es war ja Mainz.

Auch im Ausland sei das Lied berühmt, versicherte die „Welt“ und zitierte zum Nachweis Enkel Neger: *„Es ist schriftlich überliefert, dass viele Afrikaner glaubten, die Humba sei die deutsche Nationalhymne.“* Umgekehrt entwickelte sich das Ritual hierzulande wohl schnell zum lehrreichen Kulturschock: *„Manche Spieler können noch kein Wort Deutsch, aber wenn sie auf den Zaun gerufen werden: Die Humba lernen sie sofort!“*

Ein gefährliches Parkett, auf das sich der Mainzer CDU-Stadtrat da begibt. Seit längerem hat er wegen des Logos für seine örtliche Stahlbaufirma eine hitzige Rassismus-Debatte am Hals: schwarzer Mann mit dicken Lippen und großen Ohrringen. Entworfen hat es einst Opa Ernst, der „singende Dachdeckermeister“. Feinsinnig und -fühlig, aber vergeblich versuchte laut „Tagesspiegel“ der Fachschaftsrat Ethnologie der Uni Mainz in einem Brief an den Enkel Thomas Neger, das Problem zu erklären: Das liege darin, dass der Nachname des Unternehmensgründers in Verbindung mit dem kolonialistisch geprägten Image afrikanischer Menschen auftauche. Es gehöre eine gewisse Ignoranz, eine „Weg-Seh-Kultur“ dazu, diese „bewusst angestrebte Assoziation“ abzustreiten.

Wie fühlen sich die kulturgestressten Kicker vom schwarzen Kontinent bloß, wenn die Nullfünfer mal wieder einen Treffer erzielen und der „Narhalla-Marsch“ in der Opel Arena als Tor-Jingle eingespielt wird? Komponiert wurde er 1838 vom Franzosen Adolphe Adam für eine Oper, aber später für den Mainzer Karneval „entwendet“ und heute bei Einzug und Abgang der Narren eingesetzt. Wenigstens das haben die Mainzer mit den Kölnern gemeinsam, die ebenso närrisches Liedgut als Tor-Jingle nutzen: Im Rhein-Energie-Stadion erklingt „Wenn et Trömmelche jeht“ der Gruppe „De Räuber“ von 1993.

Und was machen die Heinsberger, die ob ihrer ausgemachten Zentralität womöglich auch zwischen allen närrischen Fronten hängen? Köln oder Düsseldorf, Aachen oder Mönchengladbach? Ein Jecken-Veteran weist die Richtung: *„Der Heinsberger Karnevalsverein (HKV) wurde 1913 gegründet und ist damit einer der ältesten Karnevalsvereine im Aachener Grenzland.“* Auf Regionalebene sind 160 Vereine aus der Städteregion Aachen, dem Kreis Heinsberg sowie Teilen des Kreises Düren (Altkreis Jülich) seit 1957 assoziiert im „Verband der Karnevalsvereine Aachener Grenzlandkreise“ (VKAG).

Doch vermutlich ist das momentan alles nicht so wichtig. Das Kölner „Domradio“ zitiert schon im August 2020 eine repräsentative Erhebung des international tätigen Meinungsforschungsinstituts „YouGov“: *„Zwei Drittel der Erwachsenen in Deutschland (67 Prozent) befürworten wegen der Corona-Pandemie eine bundesweite Absage aller kommenden Karnevalsfeiern.“* Befragt wurden fast 1200 Personen.

Heinsberg-Landrat Pusch spricht sich ebenfalls im August für eine Absage aus: *„Ich glaube nicht, dass es nächstes Jahr Karneval geben wird. Unsere Aufgabe ist jetzt, Dinge aufrechtzuerhalten, die essenziell sind“*, sagt er bei „dpa“. Dazu gehörten offene Schulen und Kitas. *„Die anderen Dinge sind Luxus und Freizeitvergnügen, die müssen zurückstehen.“*

Pusch weiter: *„Auch wenn der Karneval eine wahnsinnig ernste Angelegenheit ist – als wenn die Kölner ‚ein bisschen‘ Karneval feiern könnten. Das ist wie ein bisschen schwanger. Ich glaube, es wäre am besten, das jetzt abzusagen.“*

Der Landrat wiederholt es am 2. September nochmal vor einem Millionen-Publikum. Mit einer Geburtstagsgala auf RTL feiert „stern TV“ 30-jähriges Bestehen. Erstmals sind wieder Zuschauer live im Studio – auch 60 Menschen aus dem Kreis Heinsberg. Prof. Hendrik Streeck, Institutsleiter Virologie am Uniklinikum Bonn, hat ein Hygienekonzept aufgelegt, bei dem sich alle Beteiligten bis hin zu den Moderatoren Stefan Hallaschka und Günter Jauch vorher testen lassen müssen.

Streeck, Autor der wegen übereilter Statistik, Vermarktung per PR-Agentur und kolportierter Politiknähe umstrittenen „Heinsberg-Studie“, hat Neuigkeiten dabei – erstaunlich spät für seine Verhältnisse: Grund für die Masseninfizierung beim Karneval waren ein kleiner Raum, geschlossene Fenster und eine einfache Umluftanlage: *„Wer näher an einer Zuluft-Anlage gesessen hat, hat sich eher infiziert als jemand, der bei der Abluft gesessen hat. In solchen Fällen spielen Aerosole eine Rolle.“* 44 Prozent der 450 Anwesenden – 300 Gäste, 150 Künstler und Personal – hätten sich infiziert. *„Die Karnevalsparty war das allererste Superspreader-Event in Deutschland. Ein Ursprung der Pandemie.“*

Am 18. September machen die Medien es offiziell: „*Kein Helau, kein Alaaf, keine Sitzungen und kein Straßenumzug: Die Karnevalssaison 2020/21 wird wegen der Corona-Pandemie in der bekannten Form abgesagt. Darauf haben sich die Chefs der Karnevalshochburgen Köln, Düsseldorf, Bonn und Aachen am Freitag beim Karnevalsgipfel in der Staatskanzlei der NRW-Landesregierung geeinigt.*“ Die bundesweite Auswirkung berechnet später das Institut der deutschen Wirtschaft (IW): Schäden von 1,5 Milliarden Euro in der mit 98 Tagen vergleichsweise kurzen Karnevalszeit 2020/21. Davon 660 Millionen Umsatzverlust der Gastronomie, 330 Millionen im Einzelhandel, allein 280 Millionen beim Kostümverkauf.

Zahlen zum Rheinischen Karneval (Köln)	
Der Rosenmontagszug in Köln als Höhepunkt der Session ist der älteste (seit 1823) und größte in Deutschland (bis zu 1,3 Millionen Zuschauer nach offiziell unbestätigten Veranstalter-Angaben). Einzelne Zahlen von 2020	
Zuglänge	8 Kilometer (500 Meter länger als die Strecke)
Zugdauer	3,5 Stunden
Teilnehmer	ca. 12.000
Kapellen	76 mit ca. 2600 Musikern
Sicherheitskräfte	2000 Ordner/Security, 2100 Polizisten
Wagen und Kutschen	211
Tribünen	90 stationär, 80 auf Lkw
Wurfmaterial	300 Tonnen Süßigkeiten
Abfallwirtschaft	420 Kubikmeter entsorgter Müll
Quellen: Check24, statista.de, Festkomitee Kölner Karneval	

III. „Trotz Geisterspiel herrscht Party, Party"

Das 124. Rheinische Derby am Mittwch, 11. März 2020, im Borussia-Park ist das Bundesligaspiel Nummer 17302 seit dem Start der (west-)deutschen Eliteklasse am 24. August 1963. Zugleich ist es die Geisterspiel-Premiere im Oberhaus. „Fohlen"-Sportdirektor Max Eberl sagt im Online-Portal „GladbachLive" lakonisch: *„Irgendwie bin ich immer dabei, wenn etwas Geschichtsträchtiges in Gladbach passiert."*

Bis dato hatte es nur bei drei Zweitligaspielen und ein paar klassentieferen Partien einen Zuschauer-Ausschluss gegeben. Erstmals lief ein Geisterspiel im Profifußball am 26. Januar 2004 in Aachen zwischen der Alemannia und dem 1. FC Nürnberg (3:2). Die DFL hatte eine Wiederholung ohne Publikum angeordnet, weil im ersten Spiel Club-Trainer Wolfgang Wolf durch ein Wurfgeschoss getroffen worden war.

Bereits der erste Versuch des 124. Derbys zwischen „Fohlen" und „Geißböcken" war gescheitert und am 9. Februar 2020 wegen des Sturmtiefs „Sabine" abgeblasen worden. Das Unwetter wurde nach Spielschluss am Niederrhein erwartet, wenn sich die Besuchermassen zur Abreise im öffentlichen Personennahverkehr gedrängt hätten. Was indes nicht die erste Absage für dieses Derby überhaupt war: 60 Jahre zuvor setzte am 3. Januar 1960 Schiedsrichter Willi Thier aus Gelsenkirchen die Oberliga-Partie in der „Kull" – seit der Einweihung 1919 offiziell „Westdeutsches Stadion", später nur noch der „Bökelberg" – nach einer Platzprüfung auf dem Gelände der ehemaligen Kiesgrube gegen 13 Uhr ab. Rund 6000 Fans befanden sich bereits im Stadion. Dessen unbefestigte Steilhänge waren dafür bekannt, den Zuschauern bei stärkerem Regen unfreiwillige Rutschpartien zu bescheren.

Die neuerliche Negativ-Entwicklung für das Derby am 11. März 2020 im Borussia-Park deutet sich schon am Wochenende zuvor an. Bundesgesundheitsminister Spahn, beim Gesundheitsschutz wegen der Länderkompetenz nicht weisungsbefugt, „empfiehlt dringend" wegen steigender Infektionen die Absage von Großveranstaltungen. Wenn überhaupt sensibilisiert, wiegt sich die Mehrheit im Lande bis dahin in der Hoffnung, mit der Bewältigung des Starnberger Mini-Ausbruchs sei alles ausgestanden. Zuvorderst der Fußball denkt so. Was ihm keiner vorwerfen kann – wohl aber die Anmaßung, mit der er bis weit in den März darauf beharrt.

Entgegen Minister-Rat spielen Zweitligist VfB Stuttgart am 9. und RB Leipzig am 10. März noch vor Publikum. Das Champions-League-Spiel der „Bullen“ gegen Tottenham Hotspurs (3:0) bekommt einen üblen Beigeschmack. Tags zuvor, so berichtet der „Sport-Informations-Dienst“ (SID), habe die Stadt Leipzig „in Absprache mit Gesundheitsamt und Klub“ Zuschauer genehmigt. Das Portal „t-online“ zitiert den RB-Geschäftsführer Oliver Mintzlaff: *„Es wird ja niemand gezwungen, ins Stadion zu kommen.“*

Jürgen Schattmann, Sportredakteur bei der „Schwäbischen Zeitung“, platzt am 11. März der Kragen: Die Liga solle endlich aufhören, Gott zu spielen. *„Doch was machte der Fußball? Er spielte einfach weiter, er scheffelte dank hunderttausender Zuschauer seine Millionen, als ob nichts sei – mit der vorgeschobenen, fast schon infamen Behauptung, das Virus könne den Massen in den Stadien nichts anhaben, es sei ja eine Freiluftveranstaltung.“*

Im deutschen Fernsehen erklären am Sonntagabend sowohl der nordrhein-westfälische Ministerpräsident Armin Laschet („Bericht aus Berlin“) als auch Gesundheitsminister Karl-Josef Laumann („Anne Will“) kurz nacheinander, Bundesminister Spahn folgen zu wollen. Theoretisch, so Laumann im verbalen Dribbling, sei das zwar nur eine Empfehlung. Zuständige Behörde bleibe das Gesundheitsamt Mönchengladbach, aber *„in Wahrheit ist es wie eine Anordnung“*. Und dann, etwas pampig: *„Ob sie ohne Publikum spielen oder ob sie gar nicht spielen, das muss schon der Verein entscheiden, nicht ich.“*

Sabine Tenta führt dazu im „WDR“ aus: *„In NRW gibt es 53 Gesundheitsämter. Sie sind dafür verantwortlich, vor Ort Veranstaltungen konkret abzusagen oder Auflagen für die Durchführung zu formulieren.“* Eine Sprecherin der Stadt Köln habe jedoch mit Blick auf das Derby betont, dass man die *„Eigenverantwortung von Veranstaltern nicht mal eben wegdiskutieren“*

könne. Fazit der „WDR“-Autorin: *„Es entsteht der Eindruck, als würden sich Veranstalter und Behörden gegenseitig die Verantwortung zuschieben. Beide Seiten schrecken wohl vor Absagen zurück. Strittig ist nämlich die Frage, wer die Kosten dafür in welcher Höhe trägt.“*

Zivilrechtlich ist es unerheblich, ob eine Behörde, der Verband oder der Verein das Spiel oder auch nur den Fans absagen. Wird die Hauptleistung Fußball nicht erbracht oder ist nicht verfolgbar, muss der Ticketpreis erstattet werden. VfL-Geschäftsführer Stephan Schippers erklärt, dass der Borussia bei einem Bundesligaspiel ohne Besuchereinnahmen ein Verlust von zwei Millionen Euro netto entstehe. Eine Ausfallversicherung über die DFL greift nicht – auch keine Entschädigungsregelungen im Infektionsschutzgesetz. Dinge, mit denen sich zuvor noch kaum jemand beschäftigt hatte.

Am 10. März verfügt die kreisfreie Stadt Mönchengladbach morgens gegen 11 Uhr: *„Das Nachholspiel in der Fußball-Bundesliga zwischen Borussia Mönchengladbach und dem 1. FC Köln kann im Borussia-Park nur vor leeren Zuschauerrängen ausgetragen werden. Die Stadt setzt damit den für heute vom Land NRW angekündigten Erlass um. Mit Blick auf die Empfehlungen von Bundesgesundheitsminister Jens Spahn werden wegen der Ausbreitung des Coronavirus Veranstaltungen ab einer Größe von 1000 Teilnehmerinnen und Teilnehmern bis auf Weiteres abgesagt. NRW-Ministerpräsident Armin Laschet und NRW-Gesundheitsminister Karl-Josef Laumann hatten sich dieser Empfehlung schon in den Medien angeschlossen.“*

Ein formal wackliger Schritt, der spät kommt und (zu) lasch erscheint. Am Morgen vor dem Spiel meldet ebenfalls gegen 11 Uhr das Mönchengladbacher Gesundheitsamt am Steinberg 18 Neu-Infizierte in seinem Verwaltungsgebiet. Das ist mehr als eine Verdopplung im Vergleich zum Vortag. Ausgelöst wird sie von einer Reisegruppe, die vom Ski-Urlaub in Tirol zurück ist. 206 Menschen in der Stadt sind zu dieser Zeit in häuslicher Quarantäne. Der erste Coronavirus-Fall in Mönchengladbach wird am Abend des 26. Februar bestätigt – ein im Kreis Heinsberg lebender 47-jähriger Arzt der Kliniken Maria Hilf, der noch zwei Tage vorher am Rosenmontag 15

Patienten behandelt hatte. Deren Tests bleiben wie diejenigen von 20 Krankenhaus-Mitarbeitern negativ.

Die Berichterstattung aus dem Borussia-Park über die Geisterspiel-Premiere macht das Maß der allgemeinen Fehleinschätzung zur Virus-Ausbreitung zu diesem Zeitpunkt deutlich. Die Nachrichten-Agentur „dpa" schreibt, dass anderthalb Stunden vor der Begegnung, die um 18.30 Uhr beginnt, „nur wenige hundert Fans" am Stadion sind. Auch viele Familien mit ihren Kindern seien gekommen. Als der Borussen-Bus noch im Hellen an der hoffnungsfrohen Ansammlung vorbei defiliert, geht unter den Augen der zahlreich vertretenen Polizei diverse Pyrotechnik hoch. Der „Kölner Stadt-Anzeiger" zitiert „Fohlen"-Coach Marco Rose: *„Wir haben extra eine andere Route genommen, damit wir bei den Fans vor dem Spiel vorbeikommen, um die Stimmung mitzunehmen."* Und auch Jan Niestegge tickert um 18.15 Uhr für „Eurosport" unbekümmert: *„Trotz Geisterspiel herrscht vor dem Stadion Party, Party."*

Mit Ansage. FC-Finanzchef Alexander Wehrle hatte am Tag zuvor noch am Geißbockheim den Kölner Fans abgeraten, es den Ankündigungen der „Fohlen"-Anhänger gleichzutun: *„Wir leben in einem freien Land, noch kann jeder hinreisen, wo er will. Ich persönlich würde aber jedem dringend empfehlen, nicht herumzureisen, sondern mit Freunden zu Hause vor dem Fernseher das Spiel anzuschauen."*

Mit einem ähnlichen Appell in den sozialen Medien am Spieltag selbst hat die Stadt Mönchengladbach weniger Erfolg. Gekontert wird der halbamtliche Vorstoß mit der Veröffentlichung eines „Geisterspiel-Programms" durch die heimische Ultra-Gruppierung „Sottocultura" auf deren Homepage: *„16:00 Uhr Busempfang, Vorplatz Nordkurve. 17:30 Uhr Einsingen, ebenfalls Vorplatz Nordkurve. Infos, wo das Spiel verfolgt werden kann, gibt es vor Ort."* Dazu folgt ergänzend die Erklärung: *„Borussia Mönchengladbach hat soeben dazu geraten, sich heute von Menschenansammlungen am Stadion fernzuhalten ... Wir betonen an dieser Stelle ausdrücklich, dass es kein Verbot gibt und jeder Fan nach wie vor zum Stadion kommen kann. Wir sind uns der Situation bewusst, werden aber unserer Mannschaft einen würdigen Derby-Empfang bereiten und sie zum Beginn des Spiels pushen,* *wie es sich für das Derby gehört.*" Wer sich da „der Situation bewusst" ist, scheint noch die Frage zu sein. Andererseits darf man sich darüber nicht wundern, wenn auch das öffentliche Mönchengladbach bei dem lauen Spielchen „Wasch mir den Pelz, aber mach mich nicht nass" kräftig mitmischt. In ihrer Ausgabe am Mittwoch-Spieltag berichtet die „Rheinische Post" ausführlich in Wort und Bild. *„Viele Leser schreiben uns, dass sie trotzdem zum Stadion fahren und ihre Mannschaft dort anfeuern wollen. ‚Wenn wir schon nicht ins Stadion kommen, dann jubeln wir eben so laut, dass es bis drinnen zu hören sein wird.'"* Zum Hinweis eines weiblichen Fans auf zahlreiche Versammlungsaufrufe in den sozialen Netzwerken bemüht die Lokalzeitung auch Gladbachs Oberbürgermeister Hans Wilhelm Reiners. Das sei auch mit dem Land diskutiert worden, sagt dieser, *„im Augenblick ist nicht beabsichtigt, diesbezüglich Auflagen zu erteilen."*

Laut Christian Albustin im RP-Liveticker und später im Bericht sind nach Polizei-Angaben „700 bis 800" Borussen-Fans am Stadion. Was ja noch unter der tags zuvor vom Land NRW verfügten Tausender-Grenze läge. Addiert man allerdings die benachbarten Menschenansammlungen außerhalb und innerhalb des Stadions – veranlasst durch dieselbe Veranstaltung –, kommt man locker darüber. Das mag eine gewisse Nervosität bei der DFL als Dachorganisation, bei der Borussia als Spielveranstalter und bei der Stadt als der zuständigen Ordnungsbehörde im Nachhinein schon erklären ... Kurz vor Anpfiff ziehen die Anhänger ab. Etwa 600 von ihnen gucken sich das Spiel auf „Sky" im Fanhaus an der Gladbacher Straße in 500 Metern Luftlinie Entfernung an.

Zwei Stunden später sind die Fans wieder da. Nach dem Spiel laufen die siegreichen „Fohlen" hoch in den Oberrang des Umlaufs der Nordkurve und lassen sich vom frenetisch feiernden Anhang weiter unten am verschlossenen Eingang huldigen: *„Die Nummer 1 am Rhein sind wir"*. Weltmeister Christoph Kramer, der die Fans früher schon mal zum Bratwurst-Essen vor die Tür geschickt hatte, um ihr Gepfeife bei einem schlechten Kick nicht hören zu müssen, ist bei „Sky" sehr ergriffen: *„Ein schönes Gefühl, ein sehr, sehr schöner Moment. Dass die Fans gekommen sind, ist alles andere als selbstverständlich."*

Gespenstisch: Zwei als Geister verkleidete Fans vor dem März-Derby am Borussia-Park. Foto: Imago/Fotostand

Nicht nur das, es ist ebenso alles andere als schlau. Borussen-Torhüter Yann Sommer meint denn auch im Nachhinein selbstkritisch: *„Wahrscheinlich war es nicht so intelligent, aber*

wir haben uns gefreut." Borussias langjähriger Stadionsprecher Torsten „Knippi" Knippertz bekennt im „Express": *„Im ersten Moment fand ich die Bilder natürlich cool ..."* Im „FohlenPodcast" mit Christian Straßburger verweist er auf die „Besonderheit des Derbys". Doch auch diese ist dem Virus egal, wie jede andere Besonderheit menschlichen Zusammentreffens auch. Der Fan-Beauftragte Thomas „Tower" Weinmann hingegen versteigt sich später zu der Feststellung: *„Zu diesem Zeitpunkt gab es noch keine Kontaktverbote, und es war völlig legitim, Ramba Zamba zu machen."* Die „Deutsche Welle" hält unter dem Strich fest: *„Statt Kritik am Auftritt von Borussias Anhängern gab es von den Verantwortlichen lediglich positives Feedback."*

Die Polizei am Stadion greift nicht ein, auch Feuerwehr und Rettungskräfte verbringen einen einigermaßen beschaulichen Aufenthalt. Die „richtigen" Gesetzesübertretungen laufen am Abend ohnehin anderswo in Mönchengladbach. Etwa kurz vor Spielschluss in Borussias Gründungs-Stadtteil Eicken, wo ein Unbekannter einer Frau das Handy aus der Hand reißt und damit flüchtet. Oder eine wilde Verfolgungsjagd kurz vor Mitternacht quer durch die Stadt. Unter Drogen rammt ein Fahrer mit seinem Ford und gefälschten Kennzeichen einen Funkstreifenwagen. Die Feuerwehr bringt ihren Einsatz schon 90 Minuten vor dem Derby hinter sich, als es im Stadtteil Hardt in einem brennenden Haus eine Gasverpuffung gibt. Die Druckwelle verschiebt eine Wand und zerstört ein Fenster.

Herausforderungen, wohin man blickt ... Das gilt beim Geisterspiel selbst auch für den erfahrenen Schiedsrichter Deniz Aytekin, der am „Sky"-Mikro freimütig bekennt: *„Irgendwas fehlt - und zwar massiv. Ich kann nur hoffen, dass sich so etwas langfristig nicht durchsetzt. Es ist wirklich einfach beängstigend, und irgendwie hat es mit Fußball auch nichts zu tun."* Dass der Unparteiische es kaum erwarten kann und das Match deshalb 35 Sekunden zu früh anpfeift, ist nicht zu vermuten. Eher schon, dass er es schnell hinter sich bringen will. Als der Mittelfranke vor dem Spiel auf dem Parkplatz am Borussia-Park an der Hennes-Weisweiler-Allee ankommt, ist Aytekin noch gutgelaunt. Am Eingang macht er Handyfotos von zwei weiß verkleideten „Geisterfans" mit dem Transparent *„Wir wollen rein"*.

Zwei, drei Mal schaue ich an diesem Abend aus dem Fenster meiner zentrumsnahen Wohnung in den regenverhangenen dunklen Himmel. Die Luft ist auf knappe neun Grad abgekühlt, aus Südwest weht es fühlbar mit Spitzenböen von bis zu

65 Stundenkilometern. Der Name des Sturmtiefs hat gegenüber dem Februar gewechselt – „Hanna“ statt „Sabine“. Obwohl der Wind günstig steht, wird heute nicht wie sonst schon mal ein Torjubel aus dem westlich zwischen Hardt und Rheindahlen liegenden Borussia-Park in der Innenstadt ankommen. Dafür höre ich aus der Richtung einer nahen Pizzeria den Lärm von der Übertragung im Pay-TV. *„Dat jibbet nich!“* Vermutlich ein Fehlpass oder eine vergebene Chance. Dann kurze Zeit später: *„Jaaaa!“* Wahrscheinlich Borussias Führungstor. Eine Viertelstunde drauf ein durcheinander wabernder, auf- und abschwellender Stimmenpegel. 19.17 Uhr, es ist Halbzeit – Zeit für Pinkelpause, Spielanalyse und eine neue Bestellung.

Noch dürfen gastronomische Betriebe in NRW zu dieser Zeit öffnen. Dann werden die Restaurants auf die Zeit von 6 bis 18 Uhr herunter geregelt, kurze Zeit später verkürzen die Behörden auf 15 Uhr. Schließlich ist, wie auch bei Kneipen und Bars, ganz dicht für jeglichen Verzehr – im Lokal selbst und 50 Meter im Umkreis. Lediglich der Außer-Haus-Verkauf und Lieferungen sind noch erlaubt. Daher muss auch offen bleiben, ob ein dann und wann vorbeikommender weißer Transporter des Mönchengladbacher Ordnungsamts in diesen Tagen der Überprüfung der Schließungsregeln geschuldet ist. Oder ob die Überstunden schiebenden Außendienst-Mitarbeiter nur ihre bestellte Pizza im Dunkeln abholen ...

Die Gespenster-Atmosphäre steht auch im Mittelpunkt eines Erlebnisberichts der „Deutschen Welle“: *„Der Stadionsprecher verkündete schlicht die Mannschaftsaufstellungen, und beim Einlauf der Teams wurde die übliche Einlaufmusik der Borussia gespielt. Leise, sehr leise. Bei den Toren ... ertönte das übliche Gladbacher ‚Döp, Döp, Döp‘. Einige der anwesenden Ordner sowie Vereins- und Präsidiumsmitglieder ließen sich zu einem kurzen Jubelschrei hinreißen. Nach wenigen Sekunden herrschte dann aber wieder Ruhe ... Für das ‚emotionale‘ Highlight des Derbys sorgte nach knapp einer Stunde der Stadionsprecher. Dieser verkündete mit einem leicht ironischen Unterton die Zuschauerzahl: ‚Heute gibt es keine‘, hallte es durch das Stadion. Leises Gelächter auf der Pressetribüne folgte.“* Kürzer und bündiger macht es wie gewohnt die „Bild“: *„Ein gruseliger Abend.“*

Zur Einschätzung der Geisterspiel-Atmosphäre tragen auch viele Kommentare im Netz bei. Etwa dieser: *Wenn du die Augen zumachst, hört es sich an wie Hallentraining in der E-Jugend.* Oder ein anderer: *Ich fühle mich gerade wie ein Scout, der ein Spiel in der 5ten Liga von San Marino schauen muss.* Ähnlich äußert sich vorher und nachher FC-Trainer Markus Gisdol. *„Die Mannschaft, die sich schneller darauf einstellt, hat heute definitiv einen Vorteil“*, sagt er bei „Sky“. Nach dem Spiel zitiert der pensionierte Rheydter Gymnasial-Lehrer und passionierte FC-Fan Kurt Ludwigs den Coach beim Portal „effzeh.com“: *„Es war eigenartig, wenn du auf einmal hören kannst, wie die gegnerische Bank coacht oder die Spieler sich untereinander Kommandos geben.“*

Während die Trainer wie immer Logenplätze am Spielfeldrand haben, müssen die Anhänger mit dem heimischen Fernseher oder einem solchen in der Kneipe auskommen. Wie Makler Matthes in Köln, der stinksauer ist, weil er natürlich Karten zum Auswärtsspiel für sich und seine Kumpel in der Tasche hat. Bei der schwierigen Frage, ob es denn ersatzweise zum Pay-TV auf „Gottes Grüne Wiese“, zum „Goldenen Schuss“ oder in die „Forelle blau“ im Belgischen Viertel gehen soll, entscheidet sich Matthes für seine Penthouse-Wohnung gleich um die Ecke. Weil praktischer Weise auch seine Lebensgefährtin Florence mitkommt und den enttäuschten FC-Fans etwas Leckeres kocht.

Zu essen bekommt man bei Erdogan Sahin in der Sportsbar „Point One“ an der Venloer Straße in Ehrenfeld nur Nachos und Salzstangen, kann aber dafür viel Fußball-Kult genießen. Vom „Express“ wird die Kneipe als Hybrid-Treffpunkt beschrieben, der von FC- wie „Fohlen“-Fans besucht wird und an Derby-Tagen hoffnungslos überfüllt ist. Doch auch hier sind heute deutliche Lücken. Das riecht schon etwas nach kollektiver Besorgnis um eine virale Ansteckung. Nicht anders sieht das in Mönchengladbach aus. Joannis Stilidis, Inhaber der Sportsbar „Salonika“ am Schillerplatz, betont am Morgen vor dem Geisterspiel in der „RP“: *„Klar machen wir uns auch Sorgen. Wir haben Desinfektionsspender aufgehängt, unser Personal ist vorsichtig.“* Wie andere Wirte auch gehe er davon aus, dass es voll werde. Wer also einen guten Platz in dieser Ausnahme-Situation ergattern möchte, solle sich früh auf den Weg machen, empfiehlt die Zeitung.

Nur Breel Embolo, mit dem Mönchengladbacher 1:0 nach einer guten halben Stunde der erste Geisterspiel-Torschütze der Bundesliga-Geschichte, hat überhaupt kein Problem mit den äußeren Umständen an diesem Tage. Er läuft nach seinem Treffer im Borussia-Park zur Eckfahne und legt liga-üblich in Richtung der Besucherränge Süd die Hände an die Ohren: *„Ich kann euch nicht hören."* Wie denn auch, ist ja keiner da. Der von Red Bull Salzburg gekommene Neu-Trainer Rose rätselt in der späteren Pressekonferenz: *„Entweder hat Breel einen guten Schmäh, oder er hat das so drin, dass er auch das ausgeblendet hat."*

Irgendwie ist das auch kein normaler Abend für Ex-„Fohlen" Markus Mohren, der an diesem Mittwoch seinen 59. Geburtstag feiert. Corona nimmt ihm die Chance, das Derby am Ehrentag ganz normal als Zuschauer mitzuerleben. Die Glückwünsche des Stadionsprechers vor dem Anpfiff an einzelne Sponsoren und Mitglieder gehen buchstäblich ins Leere. Diesmal sitzt nicht „Knippi", sondern Borussias sogenannter Sicherheitssprecher Herrmann Schnitzler in der Stadionregie am Mikrofon.

Geburtstagskind Mohren war in der Zeit von 1980 bis 1983 für die Borussia aktiv, absolvierte gut 30 Bundesliga- und Pokalspiele für den Verein und hat als markante Erinnerung einen Treffer gegen Bayern München am ausverkauften Bökelberg in der Bilanz. Bis heute kickt er noch bei der Weisweiler-Traditionself. Anfang Januar 2020 treffe ich Mohren beim gemeinsamen Auftritt im Rahmen-Programm des Musicals „Wir sind Borussia" in der mit 700 Besuchern gefüllten „Redbox" im Nordpark. In der Pause sprechen wir mit RTL-Mann Nico Hölter auch über das anstehende Derby. Die dort herrschende Rivalität ist schließlich Thema der vom Düsseldorfer (!) Regisseur Martin Maier-Bode geschriebenen Fußball-Revue. In Sachen Inhalt und Milieu bleibt es literarisch überschaubar – sozusagen Willy Millowitsch auf dem Platz: Geißbock Hennes wird vor einem Derby von „Fohlen"-Anhängern entführt.

Der Autor (l.) mit Moderator Nico Hölter von RTL bei der Revue „Wir sind Borussia". Foto: Rauschenbach

Das Entführungs-Motiv des Musik-Schwanks ist nicht neu, es steht schon 2011 Pate bei der Filmkomödie „Die Superbullen" mit Ekel-Comedian Tom Gerhardt („Voll normaal") in der Hauptrolle. Regie führt der auch für die „Werner"-Filme verantwortliche Gernot Roll, Produzent ist immerhin Bernd Eichinger. Zeitgleich mit der Theater-Revue kommt bei „ZDFneo" die Comedy-Serie „Blockbustaz" mit den Rappern Eko Fresh und Sascha Reimann alias Ferris MC und Joyce Ilg auf den Schirm. Der Kölner Handlungsort wechselt von Kalk nach Chorweiler. In Staffel 2, Folge 2 wird Hennes VIII. entführt.

Trotz so viel trivialer „Konkurrenz" – die Borussia-Revue ist seit Herbst 2016 bei mehr als 70 Aufführungen an den städtischen Bühnen in Mönchengladbach wie in Krefeld ausverkauft. Die beiden Abschlusstermine in der ersten Mai-Hälfte 2020 fallen dem Coronavirus zum Opfer und werden ersatzlos gestrichen. Wer kann denn Anfang 2020 auch schon ahnen, dass kurz nach dem Jahresbeginn erst das Sturmtief „Sabine" und wenige Wochen später das Virenhoch „Corona" die Rosenmontagszüge in NRW verwehen, Kulturveranstaltungen wegpusten und am Ende noch den Weg zum Derby versperren? Von den Musical-Besuchern keiner. Als sie sich am 4. Januar vor Vergnügen auf die Schenkel schlagen, erklärt zur gleichen Zeit 8000 Kilometer entfernt das Chinesische Zentrum für Krankheitskontrolle den Ernst der Lage: Die bekannten Erreger SARS-CoV und MERS-CoV sind nicht Auslöser der neuen Lungenkrankheit in Wuhan.

Zwei Monate später sind am Geisterspieltag im Rheinland nicht nur Einwohner aus Wuhan, sondern Menschen aus 114 Staaten mit dem neuartigen Virus SARS-CoV-2 infiziert. Weniger souverän als bei der stets profanen Spiel-„Analyse" zeigt sich in der Pressekonferenz VfL-Trainer Rose im richtigen Leben mit seiner persönlichen Einordnung des Coronavirus. Dessen Ausbreitung ist am Morgen dieses 11. März von der Weltgesundheitsorganisation WHO mit „tiefer Besorgnis" zu einer weltweiten Pandemie hochgestuft worden. Zeitgleich melden die Agenturen, dass sich bei Hannover 96 mit Timo Hübers der erste deutsche Fußball-Profi infiziert hat. Rose: *„Die Gesellschaft hat grad' ein Riesenthema ... ohne Fans ... ist im Sinne der Gesundheit von ein paar Personen, für die es schwierig werden könnte, wenn sie dieses Virus bekommen ..."* Das ist höchst unzureichend für die Beschreibung einer Pandemie. Elf Monate später, auf der Pressekonferenz vor dem 126. Derby gegen Köln (1:2), weiß Rose es jedenfalls besser: *„Am Anfang der Pandemie waren wir noch unwissend, als wir rausgegangen sind zu den Fans. Da sind wir das erste Mal damit konfrontiert worden, dass das nicht richtig war."*

Auch andere liegen damals im grenzwertigen Bereich. Joachim Schwerin, Veteran des Fanportals „Seitenwahl", schreibt am 26. März: *„Die ‚Spaßveranstaltung' Fußball sieht sich mit einem Image konfrontiert, das dem des Orchesters an Bord der ‚Titanic' gleicht: Das Schiff sinkt, also warum wollen die noch spielen? Eine solche Einschätzung wäre dumm, schädlich und asozial. Das Schiff sinkt nicht, und Fußball ist wichtiger als zuvor."* Schwerin folgert: *„Der Fußball wird uns allein nicht aus der Krise führen, aber er gibt uns Kraft, Energie, Spaß. Spaß muss sein. Kurzum: Wir brauchen Live-Fußball, wenn wir gesund bleiben wollen."*

Die Fakten sprechen eine andere Sprache. Zum Zeitpunkt des Derbys am Rhein gilt unter Fachleuten das Champions-League-Spiel Atalanta Bergamo–FC Valencia vom 19. Februar in Mailand mit 40 000 pendelnden Fans aus der Lombardei als „Brandbeschleuniger“ für das norditalienische Virus-Drama. Zwei Tage nach dem Spiel gibt es den ersten Infizierten in Bergamo, die „Zeit“ listet weiter auf: Von 4 auf 9, dann 22 Fälle. Eine Woche nach dem Match sind es 117, zwei Wochen danach am Ende der Inkubationszeit 826. Von diesem 4. März an steigt die Kurve exponentiell – bis auf 6215 positive Fälle am 21. März. *„Die Epidemie ist in Bergamo genau zwei Wochen nach diesem Spiel explodiert“*, sagt laut „t-online“ Francesco Le Foche, Leiter Infektiologie der römischen Poliklinik „Umberto I“. Eine Woche nach dem rheinischen Geisterspiel fahren 70 Militär-Laster in der Nacht zum 18. März die aufgestapelten Leichen aus der Provinz Bergamo ab.

Der frühere italienische Nationalspieler und heutige Chef der Fußballer-Gewerkschaft in der Alpen-Republik, Damiano Tommasi, erklärt im März in der „Süddeutschen“: *„Ich fürchte, wir haben zehn Tage zu spät aufgehört - auch, weil die UEFA durch die Verschiebung der Europameisterschaft erst jetzt Platz im Kalender geschaffen hat. Dies früher zu tun, hätte wertvolle Zeit geschaffen.“* Die italienische Serie A wird am 9. März gestoppt, nachdem es zuvor Verschiebungen und Geisterspiele gegeben hatte. Die ersten Europäer, die den Spielbetrieb einstellen, sind am 2. März die Schweizer. Am 12. März folgen englische Premier League und spanische La Liga, am 13. März portugiesische 1. Liga, französische Ligue 1, niederländische Eredivisie und deutsche Bundesliga.

Wobei sie sich in Deutschland bis zuletzt um Spiele vor Publikum zanken. Wie Union Berlin um das Match am 14. März in der „Alten Försterei“ gegen die Bayern. Nicht erkennbar beeindruckt von Fragen zu Physis und Psyche der Bevölkerung (und der eigenen Arbeitnehmer) sowie gegen die Empfehlung des Bundesgesundheitsministers packt Union-Präsident Dirk Zingler in der „Berliner Zeitung“ den forschen Arbeitgeber aus: *„Herr Spahn hat ja auch nicht empfohlen, dass BMW die Produktion in Berlin einstellt. Dann kann er uns auch nicht empfehlen, dass wir unseren Betrieb einstellen.“* Weitere Ankündigung: Union werde auf Schadensersatz pochen, wenn eine Behörde „allein aus präventiven Maßnahmen“ eine Anordnung in Richtung einer Geisterkulisse erlassen würde.

Der Minister reagiert im „Deutschlandfunk“: *„Ich bin etwas verwundert, das will ich sagen, über das, was hier in Berlin mit diesem Fußballspiel passiert.“* Die Verantwortlichen hätten mit ihren Kommentaren gezeigt, meint Spahn, dass sie „noch nicht abschließend verstanden“ hätten, worum es gehe. Zwei Spieler der auf Gedeih und Verderb umkämpften Partie des Aufsteigers gegen den amtierenden Meister meinen mutmaßlich nicht nur die Dachorganisation DFL, sondern auch den Union-Giebel, wenn sie twittern: *„Fußballer werden in dieser Situation wie Affen im Zirkus behandelt“* (Union-Torhüter Rafal Gikiewicz) und *„Das ist verrückt. Bitte hört auf herumzualbern und kommt in der Realität an.“* (Bayerns Mittelfeldspieler Thiago Alcántara).

Militär transportiert im März 2020 die Särge mit gestorbenen Corona-Opfern in Ponte San Pietro in der Provinz Bergamo ab. Foto: Imago/Independent Photo Agency Int.

Ob sie in einer Parallelwelt oder in einer Blase stecken – der Bezug zur Lebenswirklichkeit ist manch handelndem Akteur des Premium-Fußballs in der Tat mehr oder minder abhanden gekommen. Das kann noch in ganz andere Dimensionen gehen, denn auch so mancher Fan driftet in den Foren schwer weg – zuweilen in eine geradezu menschenverachtende Dimension.

Doch es gibt auch andere Digital-Kontakte. Eine Woche nach dem Geisterspiel erreicht mich eine E-Mail von Hendrik Hübel, Chef des Kölner Fanprojekts am Gereonswall. Dort war eine Lesung mit Diskussion von uns zum Rheinischen Derby kurz vor dem sturmbedingten Ausfall im Februar abgesagt worden. Im Homeoffice habe er Zeit, über künftige Projekte nachzudenken, schreibt Hübel, da wolle er fragen, ob ich generell noch interessiert sei? Und mit kölschem Optimismus: *„Ich könnte mir gut vorstellen, dass wir die Lesung im Rahmen der Fußballkulturtage 2020 durchführen können ... Terminlich fallen diese sehr wahrscheinlich wieder in den Oktober.“* Ein Statement wohlgemerkt auf dem Gipfel der Infektionsraten vier Tage vor dem ersten Lockdown – zur „zweiten Welle“ gibt es da noch gar keinen Plan.

Einige Wochen später beleuchtet die vereinsinterne Video-Dokumentation „FohlenInsights: Vom Shutdown nach Europa“, wie die Pandemie mit dem Geisterderby massiv in das Alltagsleben der Borussen tritt. *„Wir haben uns alle gefühlt wie in einem schlechten Horrorfilm, das war alles surreal“*, meint der Mannschaftsarzt und Hygiene-Beauftragte Dr. Rolf Doyscher. Torwart Sommer erinnert sich, dass erst mal etwas in der Zeitung gestanden habe, das man mitbekommen konnte, *„aber es war ja in China, weit weg“*. Sportdirektor Eberl erklärt zeitlich etwas frisierend, *„alle haben, glaube ich, im Dezember/Januar wahrgenommen, dass es dieses Virus gibt“*. Aber er berichtet auch ungeschminkt, dass seine Eltern ihn angerufen hätten, ob denn auch alles gut gehe, *„ist alles in Ordnung?“* Mannschaftskapitän Lars Stindl erzählt ebenfalls aus seinem Privatleben – vom Freitag, 40 Stunden nach dem Geisterderby, als am Morgen ein Gottesdienst im Kindergarten gefeiert wird *„und wir Eltern mitgegangen sind“*. Als das Landesministerium in Düsseldorf kurz darauf die Einrichtung schließt, sei das schon ein Anzeichen gewesen, dass die Situation „nicht mehr zu unterschätzen" war.

Es ist eben nicht nur eine körperliche Frage, sondern auch eine mentale Sache, wie jeder Einzelne für sich und andere die Virus-Gefahr einordnet und einschätzt. Beide Vereine räumen im Vorfeld des Derbys der Gesundheit der Bevölkerung den Vorrang ein, wenn auch FC-Sportdirektor Horst Heldt („konsequent inkonsequent") ein einheitliches Vorgehen anmahnt. Im „Kölner Stadt-Anzeiger" kritisiert er auch die Kurzfristigkeit der Maßnahmen. Die Stadt Mönchengladbach hatte am Montag bekannt gegeben, dass eine Entscheidung über die Austragung als Geisterspiel oder eine Absage erst am Dienstag getroffen werde. *„Menschen in Führungspositionen müssen führen. Das muss der Trainer, das muss ich"*, meint Heldt anzüglich, *„das würde ich mir von anderen auch manchmal wünschen … Klare Ansagen wären mal hilfreich."*

Einen Vergleich von unternehmerischem Handeln in der Privatwirtschaft und öffentlicher Bindung bei Rechts- und Fachaufsichten hört man von Kölns Geschäftsführer Sport an dieser Stelle nicht. Wohl aber kurz darauf ein Beispiel unterschiedlicher Befindlichkeiten – als Bayerns Landesvater Markus Söder erklärt, er fände es *„in Ordnung, wenn Spieler, die ganz große Gehälter bekommen, zur Aufrechterhaltung des Spielbetriebes ihrem Arbeitgeber gegenüber ein bisschen zurückhaltender wären mit dem Geld."* Bei den „vielen Millionen", die da verdient würden, ergänzt Söder gewohnt forsch, sei in der Virus-Krise vor allem Solidarität gefragt – von den Vereinen, aber auch von den Spielern.

Heldt kontert: *„Ich glaube, es wäre absolut sinnhaft, dass man sich mit populistischen Scheißausdrücken erst mal zurückhält."* Das kann man so handhaben, man sollte allerdings aufpassen, nicht den gleichen Mechanismen anheimzufallen. Zum Beginn der Fußballsaison 2020/21 macht sich Heldt in einer Presserunde über den Kölner Bundestagsabgeordneten und Mediziner Prof. Karl Lauterbach lustig, der vor den Gefahren eines Liga-Neustarts erst ohne und dann mit Zuschauern warnt, den Testmaterial-Verbrauch der Profis anprangert und sie zugleich auf Gesundheitsrisiken hinweist. *„Ist der noch Politiker oder schon Showmaster?“*, fragt Heldt. Der „Kicker“ assistiert: Lauterbachs Warnungen hätten sich als „heiße Luft“ herausgestellt. Ein Fehlwertung, wie der nachfolgende heiße Herbst und Winter zeigen werden. Wobei Lauterbach später einräumt, vereinzelt daneben gelegen zu haben und sich etwa bei Leverkusens Geschäftsführer Rudi Völler dafür entschuldigt.

Von der Gesundheit wieder zum Geld. Inwieweit Söders Millionäre in der Krise freiwilligen Verzicht üben, sei dahingestellt. Die „Fohlen“ sollen die ersten gewesen sein, die mit dem Einverständnis zu Lohnabstrichen die Kurzarbeit von Klubmitarbeitern vermieden, kompensiert oder gar betriebsbedingte Kündigungen verhindert haben. Am Ende sind es aber wohl (fast) alle Spieler der Liga. Was allerdings noch nichts über ihre Motive aussagt.

Auf eine bedauernswerte Weise rutschen einem „Gladbacher Jung“ gut gemeinte, aber letztlich doch entlarvende Worte dazu heraus. In einem flammenden Plädoyer für den Fußball schreibt Jupp Heynckes (75) am 18. März im Fachmagazin „Kicker“: *„... Deshalb rufe ich auch die Spieler dazu auf, sich ebenfalls in wirtschaftlicher Hinsicht solidarisch und partnerschaftlich zu zeigen. Sie müssen wissen, dass sie und ihre Berater nicht mehr bestimmen, wie viel Geld sie verdienen, wenn das jetzige System zerbricht. Verträge in diesen Größenordnungen gibt es dann nicht mehr.“* Das ist eher eine eng begrenzte Solidarität mit sich selbst, um den hohen Standard zu bewahren. Dem Chef mein Gehalt zu diktieren – das ist sicher ein Zustand, den sich so mancher in seinem Berufsleben erträumt. Es ist aber nicht annähernd die Lebenswelt von Millionen Arbeitnehmern.

Der Grad an solidarischer Freiwilligkeit bleibt ebenso unklar, wenn man sich etwa das Gebaren von Großverdiener Toni Kroos bei Real Madrid (kolportierte 21 Millionen Euro pro Jahr) anschaut. Kroos lehnt im „SWR“-Podcast „Steil extra!“ Kürzungen ab: *„Auf das Gehalt zu verzichten, ist wie eine Spende ins Nichts oder an den Verein, wobei es hier nicht nötig ist.“* Nach Kritik in den spanischen Medien (*„Dieser Mann lebt doch in einer Blase“*, *„Er muss* *auf die Erde zurückkehren*“) rudert Kroos zurück. Wie meist in solchen Fällen fühlt auch er sich von der bösen Journaille falsch zitiert, unsauber übersetzt oder doch zumindest irgendwie missverstanden.

Jedenfalls überzeugt vor Corona praktizierte Kicker-Solidarität eher. Wie bei dem Mann, der im Borussia-Park grob geschätzt ein Sechstel des Kroos'schen Salärs bezieht. Mit einem Grundkapital von 150 000 Euro gründet Matthias Ginter 2018 laut DFB als jüngster deutscher Nationalspieler in seiner Heimat Freiburg eine Stiftung für benachteiligte Kinder. Wobei der „Tagesspiegel“ das Sozialverhalten von Kickern kritisch sieht: *„... Spieler, die zwar ein Prozent ihres Gehalts für soziale Zwecke spenden, aber zugleich kein Problem haben, ihre Bildrechte auszulagern, um auf diese Weise Steuern zu sparen.*“ Die Betrachtung mag oft ungerecht sein – immerhin, illustre Herrschaften wie Lionel Messi und Cristiano Ronaldo lassen aus dem Schlupfloch grüßen ...

Das findet auch Wolfram Eilenberger, der Philosoph mit der DFB-Trainerlizenz, in der „tz München“: Anstelle von Millionen-Spenden sei ihm eine effektive Besteuerung der Kickergehälter lieber: *„... muss man sagen, dass die Stiftungen, die viele Fußballer haben, auch der Steuerabschreibung dienen. Dort wird nicht wirklich Geld gespendet, sondern umgewidmet.*“

Ob das „Matze“ Ginter gerecht wird? Der im syrischen Restaurant „Damasko's“ am Freiburger Europaplatz für seine Stiftung Falafel rollt, während die Teamkameraden auf Malle ausspannen? Ginter, der 2018 in der „Welt“ ein heikles Thema lostritt? Fußballer verdienen zu viel Geld, sagt er: *„Wenn ich sehe, wie Bauarbeiter oder Krankenpfleger schuften müssen und dafür ein Gehalt bekommen, mit dem sie kaum über die Runden kommen ... Wir leisten ja nichts Essentielles – wie Ärzte, die Leben retten oder Leute gesund machen.*“ Da wundert auch Ginters aktuelle Corona-Einschätzung bei „SWR Sport“ nicht: *„Eine solche Krise zeigt, es gibt Wichtigeres als Fußball. Dazu zählt die Gesundheit und die Sicherheit. Da spielt der Fußball eine untergeordnete Rolle.*“

Söder des Geldes wegen und der Vollständigkeit halber: Die Mitglieder des Deutschen Bundestages verzichten in der Corona-Krise auf eine beschlossene Diätenerhöhung, nicht hingegen die 50 Mitglieder der Bundesregierung auf eine Gehaltsanhebung zum 1. März. Da könnte der von den Medien fast schon in eine Kanzlerkandidatur geschriebene bayerische Landesvater ja mal bei den potenziellen Berliner Kollegen vorstellig werden ...

Die Daten zum 1. Geisterspiel der Fußball-Bundesliga	
Borussia Mönchengladbach – 1. FC Köln 2:1	
Zeit/Ort	Mttwoch, 11. März 2020, 18.30 Uhr; Borussia-Park
Zuschauer	0
Schiedsrichter	Denis Aytekin (Oberaspach)
Tore	1:0 Embolo (32.), 2:0 Meré, ET (70.), 2:1 Uth (81.)
Borussia	Sommer, Wendt, Lainer, Ginter, Elvedi, Strobl, Kramer, Herrmann (76. Hofmann), Thuram (88. Bensebaini), Pléa, Embolo (82. Stindl) – Trainer:Rose
Köln	Horn, Schmitz, Hector, Ehizibue, Meré (85. Modeste), Leistner, Jakobs (72. Thielmann), Skhiri, Kainz (66. Drexler), Cordoba, Uth – Trainer: Gisdol
Gelbe Karten	Thuram (MG), Kainz, Uth (K)
Quelle: bundesliga.de	

IV. Pingpong der Verantwortlichkeiten

Konturenschärfer als die Politik, die Behörden und der Fußball formuliert Prof. Christian Drosten Anfang März 2020 die naheliegende Alternative – der Chef der Virologie an der Berliner Charité erklärt im Interview mit der „Neuen Osnabrücker Zeitung“: *„Volle Stadien mit Zehntausenden von Fans – gerade in Gegenden wie dem vom Coronavirus jetzt stark betroffenen Rheinland – müssten aus medizinischer Sicht eigentlich gestoppt werden.“*

Drostens Worte sind eine schallende Ohrfeige für die Verantwortlichen. Vier Tage vor dem Geisterderby ist beim ausverkauften Duell der Borussen-Teams aus Mönchengladbach und Dortmund an gleicher Stelle eine Einschränkung oder gar Absage noch keine Option. Doch dann erklärt Dortmunds Oberbürgermeister Ullrich Sierau, dem als nächstes das Revierderby gegen Schalke 04 ins Haus steht, bei RTL: „Es geht hier wirklich um Leben und Tod für die Zuschauerinnen und Zuschauer.“ Dies sei keine Panikmache, sondern eine nüchterne Einschätzung. Eine Woche später wiederholt NRW-Regierungschef Laschet Sieraus martialische Worte und lässt die Spiel-und Bolzplätze im ganzen Land schließen.

Ja, was denn bitte schön? Berlins „Tagesspiegel“ vermerkt penibel das offizielle Hin und Her: *„6. März. Die Stadt Mönchengladbach genehmigt in ‚Abwägung der Gesamtsituation‘, dass die zwei Borussias – Gladbach und Dortmund – ihr Bundesligaspiel vor 54 000 Zuschauern austragen dürfen. ‚Weil wir bei diesem Spiel nicht mit einer Situation rechnen, wo sich übermäßig Leute infizieren‘, sagt Stadtsprecher Wolfgang Speen. Laschet wird sich als zuständiger Ministerpräsident dafür noch lange und oft rechtfertigen müssen. Das Stadion liegt keine zehn Kilometer vom Kreis Heinsberg entfernt.“*

Die „Welt“ präzisiert die zunächst diffuse Nachrichtenlage: Die Stadt Mönchengladbach gehe davon aus, dass Infizierte isoliert seien, etwa in Quarantäne oder im Krankenhaus. *„Also müssen wir davon ausgehen, dass kein positiver Fall sich auf den Weg macht in Richtung Stadion“*, äußert sich ein optimistischer Stadtsprecher. Darüber hinaus müsse jeder selbst überlegen, in welcher gesundheitlichen Verfassung er sei. Verein und Stadt würden Menschen mit besonderem Risiko durch Vorerkrankungen und mit Erkältungs-Symptomen raten, zu Hause zu bleiben. Nach Abwägung dieser Punkte sowie auf Basis der RKI-Empfehlungen habe sich das Gesundheitsamt entschlossen, der Durchführung des Spiels zuzustimmen. *„So, wie es auch zwischen dem Verein und dem Ministerium für Arbeit, Gesundheit und Soziales sowie dem Innenministerium des Landes Nordrhein-Westfalen besprochen wurde"*, teilt die Stadt Mönchengladbach mit. Das Portal „ran.de" ergänzt dies mit Aussagen von VfL-Präsident Rolf Königs in einer Klubmitteilung: *„Wir bedanken uns für die konstruktiven Gespräche mit Innenminister Reul und Gesundheitsminister Laumann, die es uns am Ende ermöglichen, unser Heimspiel am Samstag auszutragen. Borussia wird die mit den Ministerien besprochenen Vorbeuge- und Informationsmaßnahmen für die Besucher des Borussia-Parks durchführen."*

Der Klub habe zudem die Hygienemaßnahmen vor Ort erhöht und in allen Toilettenräumen im Stadion Desinfektionsbehälter installieren lassen. Schließlich: Die Abwägung zwischen dem Gesundheitsschutz der Bevölkerung und dem Aufrechterhalten des öffentlichen Lebens sei eine Gratwanderung. Mönchengladbach wünsche sich klare Regelungen. *„Das ist das Spiel: Wir überlassen euch die Entscheidung, aber wehe, es geht etwas schief"*, habe Stadtsprecher Speen mit Blick auf Bund und Land gemeint. Schreibt die „Welt".

Nur den Fans aus der Risiko-Region Heinsberg (wo alle Fußballspiele seit 29. Februar konsequent abgesetzt sind) wird „angeboten", ihre Tickets zurückzugeben und mit einer Karte für das nächste Europacup-Heimspiel der „Fohlen" belohnt zu werden. Auch hier ist „ran.de" eine Spur genauer als die etablierten überregionalen Zeitungen und schreibt: *„Gesundheitsminister Laumann bittet allerdings die Menschen aus Heinsberg, auf einen Besuch des Spiels zu verzichten ... ‚Wir sind mit den Herren von Gladbach zu folgendem Ergebnis gekommen, dass wir das Bundesliga-Spiel nicht absagen. Aber der Situation Rechnung tragen. Wir werden die Fans aus Heinsberg anschreiben und ihnen sagen, dass sie nicht kommen sollen. Und später eine kostenlo-*

se Karte als Bonbon bekommen werden. Dass sie auch vom Verein zu einem anderen wichtigen Fußballspiel eingeladen werden', sagte er." Keiner ahnt, dass es das Champions-League-Spiel gegen Real Madrid am 27.Oktober ist. Noch weniger, dass auch der Knüller zum Geisterspiel wird. Eine weitere Ironie könnte hinzukommen: Wenn denn endlich wieder Zuschauer zugelassen werden, ist die Borussia weit und breit in keinem europäischen Wettbewerb mehr ...

550 Käufer machen von der Ticket-Rückgabe Gebrauch. Das hört sich relativ bescheiden an, würde jedoch bei einem ungebremsten exponentiellen Wachstum der Virus-Infektionen riesig groß: Selbst wenn man beim Mathematik-Unterricht früher nicht so doll aufgepasst hat – das einzelne Reiskorn auf dem Schachbrett, das sich auf jedem der 64 weißen und schwarzen Felder verdoppelt (und schließlich bei satten 19 Trillionen landet), ist sogar manchem notorischen Schulverweigerer geläufig ...

Insgesamt ist die Verbundenheit der Heinsberger mit dem niederrheinischen Bundesligisten beachtlich. Schließlich können sie aufgrund ihrer zentralen Lage in der Euregio Maas-Rhein innerhalb einer Autostunde auch andere Fußball-Erstligisten erreichen: 1. FC Köln, Bayer Leverkusen, dann und wann Fortuna Düsseldorf, dazu PSV Eindhoven, VVV Venlo, Fortuna Sittard, KRC Genk, Standard Lüttich, AS Eupen.

Gleich sechs offiziell angemeldete Borussia-Fanclubs kommen unmittelbar aus dem Corona-Epizentrum Gangelt – die Gemeinde mit ihren 19 Ortsteilen hat gerade mal 12000 Einwohner. „Grünes Chaos 1900", „Birgden-Breberen", „Kioyo-Borussen", „Die Arsbecker", „Selfkant", „Verstreute Borussen" heißen die Gruppierungen. Mit der „Blauen Welle" der Lebenshilfe ist der bundesweit größte integrative Fußball-Fanclub ebenfalls im Kreis Heinsberg zu Hause.

#hsbestrong-Erfinder Reifenrath ist als Nachfolger des Gründers Jürgen Bock der aktuelle Vorsitzende. Der Fanclub entsteht 2008 aus einer Aktion des Landschaftsverbands Rheinland, der Fördergelder für Projekte zur gemeinsamen Freizeitgestaltung von Menschen mit und ohne Behinderung vergibt. Die Nachfrage bei der örtlichen Lebenshilfe erbringt den Wunsch nach der Gründung eines Borussia-Fanclubs.

Drei Krisen-Protagonisten: Landrat Stephan Pusch, Minister Karl-Josef Laumann, Ministerpräsident Armin Laschet (v.r.) in der NRW-Staatskanzlei. Foto: Imago/Sondermann.

Dieser umfasst inzwischen 200 Mitglieder, denen ein Dauerkontingent von 40 Karten für die Heimspiele im Borussia-Park zur Verfügung steht.

Auch wenn VfL-Medienchef Markus Aretz beim Borussen-Duell im März vorsichtshalber betont, es handele sich um ein Angebot, beileibe nicht um eine Aufforderung wegzubleiben – das Verhalten von Land NRW und Gastgeber Borussia wirkt am Ende eher wie eine Stigmatisierung der Heinsberger. Schon tauchen am Horizont Franz-Josef Degenhardts musikalische „Schmuddelkinder" aus den Sechzigern auf: *Spiel nicht mit den Schmuddelkindern / Sing nicht ihre Lieder / Geh doch in die Oberstadt / Machs wie deine Brüder!* Und die „Ruhr-Nachrichten" titeln bereits fett in ihrem Vorspann zur Spielankündigung: *„Sonderregelung für bestimmte Zuschauer"*.

Autor Christian Spoo formuliert sein Unbehagen im Portal „Seitenwahl": Die „freiwillige Exklusion" von Fans aus einem bestimmten Landkreis erinnere an die merkwürdige Haltung derjenigen, die nun die Straßenseite wechselten, wenn ihnen ein Mensch mit asiatischem Aussehen entgegenkomme: *„Wollen wir hoffen, dass keine fehlgeleiteten Stadionbesucher die Gladbacher Straße aus Richtung Erkelenz blockieren oder sich an Autos mit HS-Kennzeichen vergreifen."*

Ganz so abwegig ist derlei Unfug im Westen nicht. Der Heinsberger Apotheker Klaus Froitzheim berichtet im „Focus", dass Autos mit dem Kfz-Kennzeichen HS andernorts zerkratzt wurden. Buchhändler Marcus Mesche, der zwei Läden in Heinsberg und in Gangelt betreibt, schildert dem „Börsenblatt", dass man überall dort, wo man draußen mit einem Heinsberger Autokennzeichen auftauche, etwa in den grenznahen Einkaufszentren auf der niederländischen Seite, „gemieden oder schräg angeguckt" werde. Schließlich ein frustrierter Verwaltungsangestellter aus Gangelt, der den heimischen Karneval ebenfalls in vollen Zügen genossen und sich dabei infiziert hat. Der Mann will im Interview mit der „Süddeutschen Zeitung" lieber anonym bleiben – aus Angst vor Pöbeleien: *„Wir sind so was wie Coronas Ground Zero. Mancher hält uns für Aussätzige. Einige Leute da draußen reagieren echt irrational. Freunden mit dem Kennzeichen HS wurde neulich in Aachen einfach das Auto zerkratzt, nach dem Motto – haut ab! Man* *wird stigmatisiert. In den sozialen Medien schreiben Idioten, man solle Heinsberg einfach wegbomben.*"

Nicht nur die wirtschaftliche Lage, sondern auch das gesellschaftliche Klima treibe den Mann um, berichtet Ende März „Zeit"-Autor Christian Parth über den Heinsberger Maschinenbauer Guido Randerath. *„Im Moment ist es noch Heinsberg, aber das Problem wird sich leider auf ganz Deutschland ausdehnen. Wir sind die Blaupause für die Nation*", erklärt Randerath. Aber auch: Die Menschen aus Heinsberg seien ebenso Rheinländer, Frohnaturen mit einem guten Maß Pragmatismus: *„Wir werden das schon überstehen.*" Überhaupt habe die Krise auch ihr Gutes – *„ich kann jetzt Händewaschen wie ein Chirurg.*"

Landrat Pusch schließlich, nach seinem Bittbrief an den chinesischen Regierungschef den Umgang mit hohen Tieren gewohnt, legt sich laut „FAZ" auch gleich mit dem noch amtierenden US-Präsidenten Donald Trump an, als er das durch Corona ausgelöste Vertrauensproblem in den Köpfen der Menschen thematisiert. Angst, Misstrauen, Ausgrenzung seien eine große Gefahr, *„und dass sich nun sogar Staaten gegenseitig beschuldigten*". Trump hatte ein „ausländisches Virus" ausgemacht und Europa die Schuld für die Ausbreitung zugeschoben. Es folgt milder Spott in den sozialen Medien: *„Da wird der Trump aber mächtig beeindruckt sein ...*"

Weiter listet Pusch in seinem Video auf, dass Heinsberger Bürger von ihrem Arbeitgeber im Umland nur wegen ihrer Herkunft nach Hause geschickt oder gar nicht mehr auf das Firmengelände gelassen würden. Aufträge für Unternehmen aus dem Kreis blieben aus. Der „Westdeutsche Rundfunk" berichtet noch Wochen später, dass Autofahrer mit einem Heinsberger Kennzeichen an manchen Tankstellen und Geschäften außerhalb des Kreises nicht mehr bedient worden sein sollen.

In einem offenen Brief an NRW-Gesundheitsminister Laumann redet Wegbergs Bürgermeister Michael Stock Klartext zum Borussen-Duell vom März. Er kritisiert Laumann, dass dieser die Frage bejaht habe, ob Bürger aus dem Kreis Heinsberg besser nicht zum Spiel kommen sollten, um andere Gäste vor einer Infektion zu schützen. Dies sei eine Stigmatisierung der Menschen und des gesamten Kreises Heinsberg. Mit seiner Aussage unterstelle Laumann den Einwohnern aufgrund ihres Wohnsitzes eine generelle Ansteckungsgefahr. *„Damit sorgen Sie dafür, dass die Menschen hier aufgrund ihres Wohnsitzes von anderen Menschen gemieden oder gar diskriminiert werden."* Wenn die Verantwortlichen sich für die Austragung entscheiden würden, sei es selbstverständlich, dass Fans „aus jeder Region der Welt" das Spiel gucken könnten. Schließt Stock und bittet den Minister, künftig doch mehr auf die Wirkung seiner Sprache zu achten.

Auch der Mönchengladbacher Oberbürgermeister Reiners, in den frühen 1980-er Jahren eine Zeitlang als Sportredakteur bei der „Braunschweiger Zeitung" tätig, behandelt im Nachgang die behördliche Verantwortung verbal wie ein rohes Ei: *„Die Stadt Mönchengladbach steht unverändert zu ihrer Entscheidung, die die Austragung der Begegnung Borussias gegen den BVB am Samstag zugelassen hatte. Vor diesem Spiel gab es weder eine klare Empfehlung von Bundesseite noch klare Vorgaben durch das Land. Die Mediziner, mit denen wir uns intensiv beraten haben, hielten es für verantwortbar, das Spiel nicht zu untersagen."*

Auf ein irgendwie gesteigertes Verständnis des benachbarten Amtskollegen aus der Kreisstadt Heinsberg kann Reiners schon vor dem Spiel nicht setzen. Ganz im Gegenteil zeigt sich Landrat Pusch in seiner täglichen Video-Botschaft an die Kreisbewohner doch ziemlich irritiert über die getroffene Entscheidung: *„Ich würde mir natürlich wünschen, dass man mir das mal näher erklärt. Beispielsweise, welche Risiko-Abwägung dem zugrunde liegt, warum man davon ausgeht, dass vielleicht die Ansteckungsgefahr geringer ist als üblich ... Ich habe das nicht verfügt, ich setze darauf, die Dinge zu erklären ..."*

Als ob es des Hin-und-Her-Delegierens nicht schon genug wäre, sendet der „WDR" auch noch: *„Vor dem Bundesligaspiel bittet die Stadt Mönchengladbach alle Besucher, ihren Gesundheitszustand selbst einzuschätzen und abzuwägen, ob sie das Spiel besuchen können oder nicht."* Victoria Reith kommentiert das im „Deutschlandfunk": *„Die Verantwortung auf das Individuum abzuwälzen, ist leichtsinnig ... Darauf zu setzen, dass Städte oder Clubs Spiele freiwillig vor leeren Rängen austragen oder* *ganz absagen, ist noch naiver, als damit zu rechnen, dass erkältete Fans von sich aus zu Hause bleiben.*" Florian Forth („Ruhr24") meint: „*Untertrieben ist es, den Besuchern die Einschätzung zu überlassen, ob sie andere anstecken könnten. Diese Art der Selbsteinschätzung stößt ja bereits am Arbeitsplatz regelmäßig an ihre Grenzen. Da wird sich heute mancher denken: ‚Wegen dem bisschen Husten soll ich jetzt nicht zum Spiel gehen?'*"

Die Quittung bekommen die Stadtoberen am linken Niederrhein auf dem eigenen Amtspapier, auch wenn das für einen Nachweis der virologischen Kausalität sicherlich nicht ausreichend ist: Die Daten der insgesamt 412 lokalen Gesundheitsämter in Deutschland bilden unter Berücksichtigung der Handlungskette „Ansteckung – Symptom-Ausbruch – Arztkontakt – Test – Auswertung – Behördenmeldung" durchschnittlich ein Infektionsgeschehen von grob zwei Wochen vorher ab (5 bis 6 Tage Inkubationszeit plus 6 bis 9 Tage von Erkrankung bis Meldung). Nach dem Hochrisiko-Event im brechend vollen Borussia-Park am 7. März meldet das Mönchengladbacher Gesundheitsamt zum 20./21. März mit 49 Personen die höchste Infiziertenrate an zwei aufeinander folgenden Tagen seit Beginn seiner Corona-Statistik sowie eine Verdopplung der Gesamtzahl. Ein ebenso hohes Niveau gibt es in der ersten Welle nur noch Anfang April. Im Vergleich: Bei entsprechender Nachmodellierung des Geisterderbys gegen Köln vom 11. März ergeben sich zum 24./25. März „nur" 15 bestätigte Infizierte.

Auch bei den mit zahlreichen Fans zum Borussia-Park angereisten Dortmundern geht die Rechnung vom 7. März auf den ersten Blick auf: Am 20. März verzeichnet die Ruhr-Metropole mit 45 Neu-Infektionen einen Tagesrekord – bis zu mehr als doppelt so hoch wie davor und (bis auf einen einzelnen Wert vom 7. April) auch danach. Der 20. März als erster Infektionsgipfel an den beiden Borussia-Standorten deckt sich übrigens nur bedingt mit der Entwicklung des bundesweiten Höchststands („Peak") der ersten Welle, der vom RKI im Mai per Lagebericht präsentiert wird. Inzwischen geschieht das unter der Einbeziehung wissenschaftlicher Methoden wie des „Nowcast", um den Meldeverzug und die allgemeine Unkenntnis über die tatsächlichen Daten von Ansteckung als auch Krankheitsbeginn im Wege der nachgeholten Schätzprognose zu berücksichtigen.

Keine Prognose in die Vergangenheit hinein, sondern ein nachträgliches Eingeständnis zum Borussen-Duell präsentiert laut Meldungen von „Express" und Portal „GladbachLive" NRW-Gesundheitsminister Laumann anderthalb Monate später in der „Süddeutschen": *„Rückblickend ist klar, wir hätten das Spiel verbieten sollen."* Das Argument, dass unter freiem Himmel und nicht in einer geschlossenen Halle gespielt werde, sei aus heutiger Sicht *„natürlich Quatsch"*. Laumann gibt auch zu: *„Wir haben uns da ein bisschen rausgeredet: Wenn der Oberbürgermeister das Spiel zulässt, muss er es verantworten."* Wobei es für ihn als zuständigen Minister wie seine Kollegen auch ein „Verständnisprozess" gewesen sei, wie sich das Leben mit dem Virus verändere.

In der Tat stellt sich, nicht nur wegen des Bergamo-Spiels in der Lombardei, schnell die Frage nach der Bedeutung von Großveranstaltungen wie etwa Sport-Events für den Verlauf der Pandemie. In ganz Deutschland werden sie erst einmal grundsätzlich bis 31. August und dann verlängert bis 31. Oktober 2020 untersagt. Einzelne Bundesländer weichen davon jedoch ab. Es ist einmal mehr dem Virologen Drosten vorbehalten, eine breitere Öffentlichkeit ins Bild zu setzen. In einem seiner mittlerweile mit dem Grimme-Preis ausgezeichneten „NDR"-Podcasts befasst er sich Ende Mai (und im August erneut in der „Zeit") mit den „Superspreadern". Das sind *„einige wenige, die viele weitere Personen anstecken, während die meisten nur einen oder gar keinen anderen Menschen infizieren"*, erklärt Drosten. In der SARS-Epidemie von 2002/03 habe der Dispersionsfaktor bei 0,1 gelegen. Übersetzt: Von zehn Patienten haben neun im Schnitt nur jeweils eine Person infiziert, jeder zehnte aber zehn weitere Menschen. Es liegt auf der Hand, dass die Gefahr durch unerkannt herumlaufende Superspreader immens ist.

Was bedeutet: Einmal sind größere Veranstaltungen mit Massentreffen tunlichst zu vermeiden. Zum anderen, wenn es doch passiert, ist bei solchen Ausbrüchen Eile geboten. Drosten verwirft zeitraubende Testungen, sondern will bei derlei Clustern gleich die Kontakte von „Superspreadern" als infiziert betrachten und isolieren. Virologisch schlüssig, juristisch problematisch – es geht schließlich um die Einschränkung von Grundrechten.

Es dauert bis zum Februar 2021, bevor eine Studie die Superspreader-Theorie wissenschaftlich stützt. Das Zentrum für Europäische Wirtschaftsforschung (ZEW) und die Berliner Humboldt-Universität erforschen, dass die Infektionsrate durch zwei „Querdenker"-Demonstrationen von Corona-Gegnern im November in Leipzig und Berlin um 35,9 Prozent gesteigert worden sei. Laut Studie hätten zwischen 16 000 und 21 000 Corona-Infektionen verhindert werden können, wenn die Kundgebungen abgesagt worden wären, meldet die „Tagesschau". Die Analyse ist nach Verfasser-Angabe *„die erste, die die Wirkungen der Demonstrationen auf das Infektionsgeschehen quantifiziert"*. Der Zielkonflikt zwischen Einschränkungen von Freiheitsrechten und gesundheitspolitischen Maßnahmen zum Infektionsschutz werde wissenschaftlich greifbar.

Bereits Ende Juli 2020 springt der streitbare Mediziner und Politiker Lauterbach in einem „Spiegel"-Interview dem Kollegen Drosten bei und fordert einen Strategiewechsel für den bevorstehenden Herbst. Die chronisch unterbesetzten Gesundheitsämter in Deutschland müssten nach Lauterbachs Auffassung einen anderen Auftrag bekommen: *„Statt jedem Einzelkontakt nachzutelefonieren, sollten sich die Ämter allein auf die sogenannten Superspreader konzentrieren."*

Noch ein Rückgriff auf Zahlen vom Niederrhein: Nach ruhigen Tagen mit keinen oder nur vereinzelten Neu-Infizierungen meldet das Mönchengladbacher Gesundheitsamt am 9./10. Juli gleich 13 positive Befunde. Rechnet man wie beschrieben die einschlägigen zwei Wochen zurück, landet man beim letzten Juni-Wochenende. An diesem gibt es in der Vitus-Stadt keine besonderen Ereignisse. Bis auf eines: Die „Fohlen" machen am letzten Spieltag der im Mai fortgesetzten Saison 2019/20 gegen Hertha BSC (2:1) Platz 4 und damit die Qualifikation für die Champions League klar.

Anders als beim Derby im März feiert keiner vor verschlossener Stadiontür. Aber vielleicht anderswo, legt man ein Statement von VfL-Coach Rose beim Portal „BorussiaLive" zugrunde: *„Was wir heute geschafft haben, haben wir vor allen Dingen für unsere Fans gemacht. Ich hoffe, dass sie an allen Orten dieser*

Welt heute richtig abgehen, dass sie das feiern, dass sie das genießen."

Gegenposition zu den Kollegen Drosten und Lauterbach bezieht der Bonner Virologe Streeck. Er warnt im ZDF-Talk von Maybrit Illner: „*Wir müssen uns davon verabschieden, dass wir das Virus irgendwie komplett austreiben können aus der Gesellschaft. Es ist da, es wird bleiben und auch Teil von unserem Alltag werden.*" Kurz zuvor hatte Streeck in der „Frankfurter Allgemeinen Sonntagszeitung" gesagt: „*Ich glaube, wir sind in einer kontinuierlichen Welle. Einer Dauerwelle, die immer wieder hoch- und runtergeht.*" In der zweiten Juli-Hälfte ist es ohnehin mit den niedrigen Fallzahlen vorbei. Sie steigen deutschlandweit wieder an. Zweite Welle, Dauerwelle?

Meinungsfreiheit und laut Studie ursächlich für Tausende Neu-Infektionen: Querdenker-Demo gegen Lauterbach, Drosten und Co. im November in Leipzig. Foto: Imago/Opokupix

Wie man es auch surft und wendet: Fußball mit Publikum liegt zu diesem Zeitpunkt und auch später auf einer hinteren Position beim langen Weg zurück zur Normalität. Zugleich machen die Hintergründe deutlich, welche Auswirkungen im Frühjahr das Schachern in der Liga um Fußballspiele - mit oder ohne Publikum oder auch gar nicht - gehabt haben könnte. Wobei die letzte Variante im Kopf der Hierarchie wohl völlig undenkbar war: Die DFL habe in ihrer Spielordnung keinen Paragraphen, der das Vorgehen bei einem Saison-Abbruch regelt, berichtet die „ARD-Sportschau" und zitiert einen humorlosen Direktor Ansgar Schwenken: *„Das ist nicht vorgesehen."*

Auch wenn der Fußball in der wissenschaftlichen Begleitung keine führende Rolle spielt – eine Studie der englischen Datenanalyse-Firma Edge Health schätzt, dass insgesamt 41 Tote mit dem letzten großen Spiel vor Zuschauern in Verbindung stehen: die Champions-League-Partie FC Liverpool–Atlético Madrid (2:3) am 11. März an der Anfield Road. Die Todesfälle traten zwischen 25 und 35 Tagen später in den Krankenhäusern von Liverpool und Umgebung auf. Der „Tagesspiegel" berichtet über Liverpool-Coach Jürgen Klopp, der Fans der „Reds" beim Versuch des Abklatschens wüst beschimpft habe: *„Put your hands away, you fucking idiots."* Das Achtelfinal-Rückspiel fand vor 52 000 Besuchern inklusive 3000 spanischer Gästefans statt. Liverpools Bürgermeister Steve Rotheram fordert später in der „BBC" eine Untersuchung. Auch Madrids Bürgermeister José Luis Martínez-Almeida meint beim Sender „Onda Cero", es sei wohl ein „Fehler" gewesen, die Atlético-Fans zum Spiel fahren zu lassen.

Die Gefahr für Zuschauer ist eine Seite, doch wie steht es um die Spieler? Im Mai ist die Fußball-Welt geschockt, als Junior Samba (23), ein Mittelfeldspieler des französischen Erstligisten HSC Montpellier, sich infiziert, ins Krankenhaus eingeliefert wird und in ein künstliches Koma versetzt werden muss. Einige Mediziner, die vor den Risiken selbst bei austrainierten Leistungssportlern gewarnt hatten, sehen sich bestätigt. Auch Prof. Wilhelm Bloch von der Sporthochschule Köln ist in der „ARD-Sportschau" besorgt über „enorme gesundheitliche Konsequenzen" bis hin zum Karriere-Ende. Selbst bei Jüngeren ohne Vorerkrankung könne Covid 19 schwere Verläufe entwickeln. Dies vermuten Virologen dann, wenn eine hohe Virus-Dosis direkt aus der Luft eingeatmet werde, Bloch: *„Wenn man richtig am Schnaufen ist, erhöht sich der Gasaustausch um den Faktor 15 bis 20 über die Atemfrequenz und dadurch, dass man 3,5 Liter Atemvolumen hat, Profisportler noch mehr ... man atmet richtig tief in die Lunge hinein und dort ist* *direkt der Ort, an dem schwere Schädigungen stattfinden können.*"

Eine deutliche Reaktion meldet die „Volksstimme" beim Drittligisten 1. FC Magdeburg. Stürmer Sören Bertram: *„Ich habe Angst davor, mich bei einem Spiel anzustecken. Wir sind alle im Kopf nicht frei, weil wir nach einer Infektion für den Rest unseres Lebens Lungenprobleme haben könnten.*" Prominente haben ebenfalls Angst. So nennt das Nachrichten-Portal „Watson" den argentinischen Nationalstürmer bei Manchester City, Sergio Kun Agüero, dem der Corona-Tod der 82-jährigen Mutter von Coach Pep Guardiola nahegeht: *„Die Mehrzahl der Spieler ist in Angst, denn sie haben Familien, sie haben Kinder, Babys, Eltern.*"

Man solle es aber auch nicht übertreiben und das Kind mit dem Bade ausschütten, fordert BVB-Chef Hans-Joachim Watzke in der „ARD-Sportschau": *„Die aktuelle Gesundheitsgefahr für eine Mannschaft, die aus kompletten Athleten besteht und auf dem Rasen trainiert, die würde ich, auch ohne Virologe zu sein, als nicht so gravierend einstufen.*" Unbekümmert gibt sich auch Ex-Nationalkeeper Jens Lehmann, der selbst infiziert war, beim TV-Sender „beIn Sports": *„Solange die Symptome nicht ganz so schlimm sind, denke ich, müssen Spieler damit klarkommen ... die meisten haben nicht mal Symptome gezeigt. Deswegen denke ich, für junge, gesunde Menschen mit einem starken Immunsystem ist das nicht so bedenklich.*"

Gesamtzahl Covid-19-Infektionen an den Spielorten der Bundesliga,		
	Stichtag	
	1. Juli 2020	31. Dezember 2020
Berlin	8301	97 649
München	6805	44 718
Köln	2609	26 017
Düsseldorf/Stuttgart	1854	14 851
Frankfurt	1776	20 993
Bremen (Stadt)	1469	13 559
Dortmund	982	14 064
Sinsheim (Rhein-Neckar-Kreis)	980	11 401
Freiburg (Stadtkreis)	972	4215
Paderborn (Kreis)/ Bielefeld	723	7184
Mönchengladbach	685	5776
Mainz	681	5484
Leipzig	621	9377
Gelsenkirchen	515	7599
Augsburg	435	6164
Wolfsburg	372	1452
Leverkusen	253	3497
Quellen: Behördenangaben Bund/Länder/Kommunen, Eigenrecherche		

ABPFIFF: Brot und Spiele, Opium fürs Volk

Die Debatte nach der Liga-Unterbrechung im März reduziert sich im Kern darauf, ob die Saison abgebrochen oder mit Geisterspielen beendet wird. Die Passivseite bleibt laut Umfragen hälftig gespalten. Verband, Vereine und Spieler wollen weitermachen. Auch wenn viele die Seelenlosigkeit des geisterhaften Vorgangs betonen: Ohne Fans im Stadion sei das nix. Doch der Autor Dietrich Schulze-Marmeling hält in der „Zeit" dagegen: Für viele Fans sei es *„ein wenig eine narzisstische Kränkung, dass man ohne sie spielt"*. Die Behauptung, ein Spiel ohne Zuschauer sei keines, sei aber „einfach falsch". 99 Prozent aller Kicks fänden ohne statt.

Etwas verwegen. Der Soziologe Dr. Rogan Taylor hat die Wechselwirkung früh und präzise formuliert: *„Fußball ohne Fans ist nur ein Kick von 22 Kurzbehosten im Park."* Der Engländer stand auf beiden Seiten – als Mitgründer der „Football Supporters Association", später als Direktor an der Universität Liverpool mit dem weltweit einzigen Master-Studiengang „MBA Football Industries". Auch der „Stern"-Mann Tim Sohr erinnert sich im April an Taylors Zitat: *„Ein Bundesligaspiel ohne Fans ist sogar noch weniger reizvoll als der vielzitierte Kick von 22 Kurzbehosten im Park, weil der Aufwand in eklatantem Missverhältnis zum Ertrag steht."*

Die Gemengelage nutzen beide Seiten. Englische Klubs zogen früh die Frontlinien. Ende des 19. Jahrhunderts bauten sie Zäune als Sichtschutz um die Bolzplätze, verlangten Eintrittsgeld von denen, die dem Kick zuschauen wollten, und bezahlten mit dem Erlös ihre Spieler. Streng genommen reduziert sich der Basiskonflikt im Profifußball seither auf den Widerspruch zwischen den Inszenierungen der Anbieter und denen der Konsumenten. Vielleicht ist es daher ein anderer Gemütszustand, der die Fans Geisterspiele ablehnen lässt. Michael Gabriel, Leiter der Frankfurter „Koordinationsstelle Fanprojekte", bei „ran.de": *„Die aktive Fanszene sieht sich völlig zurecht als Mitgestalter des Fußball-Ereignisses. Durch die Geisterspiele wird eine tiefsitzende Angst der Fans berührt, dass sie nicht mehr gebraucht werden."*

Beide Seiten sind durch Corona unterschiedlich aus dem Tritt geraten. Die Anbieter weniger, weil ihnen die mediale Wertschöpfung ohnehin mehr einbringt. Die Konsumenten mehr, weil ihre direkte Teilhabe verringert wird. Früher hätte man das bei so manch betagter Sportstätte noch kreativ als Zaungast wettmachen können, meint Rentner Rudi. Auf Mauern, in Bäumen oder auch bei Verwandten im Hochhaus neben dem Platz – *„gell, fahren wir heute zur Oma an die Grünwalder Straße, da wo der Onkel immer die Zahlentafel mit dem Obstpflücker aufhängt"*.

Einen anderen Ansatz wählt Dr. Torsten Körner 2018 im Fachblatt „tv diskurs". Seine Erkenntnis im Beitrag „Vom Stadionhelden und Sofa-Athleten": Für den Siegeszug des Fernsehsports Fußball bedurfte und bedarf es ... der Stadionzuschauer. Körners Trumpf ist ein Essay des Architekten Volkwin Marg, der Arenen für die WM 2006 und 2010 entworfen hat: *„Die modernen Fußballstadien werden weniger für die Fans bei den Spielen gebaut, sondern vielmehr für die Fernsehwerbung. Ohne ein kochendes Stadion bekommt man zu Hause auf der Couch kein authentisches Spielgefühl."* Der Besucher sei, so spitzt Körner zu, *„für den Sofa-Athleten der Authentizitäts- und Atmosphärengarant, und für die Werbeindustrie der Kaufanreiz-Anwalt und konsumistische Appetitanreger."* Sagen will der Autor wohl, dass der Sofa-Fan dem Fußball-Braten nicht traut, wenn er im TV keine Bier schluckenden, Wurst schmatzenden und Fahnen schwenkenden Gleichgesinnten am Platz entdeckt. Ähnlich argumentieren ja die Ultras. Sie fühlen sich ausgenutzt als diejenigen, die mit Gesang und Choreo den Stimmungsanspruch der gut zahlenden Event-Kunden abdecken sollen. Im Ergebnis: Ohne Live-Publikum keine „audiovisuelle Dreifaltigkeit", kein „dynamischer Trialog" bei den Geisterspielen.

Wobei nach Berechnung des Portals „Sport1" selbst die abgespeckte Variante beim Geisterderby am Rhein noch zu hoch war: 600 Personen, davon 250 Ordner (für wen eigentlich?) und über 200 Medienleute, sollen am 11. März im Borussia-Park gewesen sein. Fast so viele wie draußen vor der Tür. VfL-Medienchef Aretz erklärt beschwichtigend: *„Damals waren Veranstaltungen mit bis zu 1.000 Personen noch erlaubt."*

Damals. Im Niedrig-Sektor kennen die „Fohlen“ sich aus. Am 15. Januar 1966 trennen sie sich im Berliner Olympiastadion (Neubau 1936 100 000, später 88 000, heute nach Umbau 74 500 Zuschauer) vom ewigen Bundesliga-Schlusslicht Tasmania 1900 mit 0:0 vor der Minuskulisse von ... 827 Zuschauern. Nach dem Besuch diverser DFB-Pokalendspiele kenne ich das „deutsche Wembley“ gut und kann glaubhaft versichern: Allein im Schatten des 76 Meter hohen Glockenturms draußen auf dem „Maifeld“ laufen am Finaltag im Football Village des DFB deutlich mehr Leute herum. Laut „Sponsor‘s“ von 2017 gibt es 4725 Hospitality-Plätze.

Makler Matthes wird schon Wochen vorher nervös, wenn er die Tickets für die Geschäftsfreunde besorgen muss. Rund 750 Euro plus Mehrwertsteuer kosten die pro Nase, dafür gibt es aber auch noble Tischaufsteller mit Firmenschriftzug an den reservierten Plätzen und später den Zutritt zur After-Final-Party mit Cocktail-Bar. Die Freuden des Kapitalismus.

An gleicher Spielstätte ist der 1. FC Köln seit dem 26. September 1969 Mitinhaber des Bundesliga-Rekords – beim 0:1 gegen Hertha BSC vor 88 075 Zuschauern. Gesamtdeutsch wird der Pflichtspiel-Gipfel von der DDR-Oberliga getoppt: „Mehr als 100 000 Zuschauer“ – exaktere Zahlen fehlen – kommen am 9. September 1956 zum Lokalderby SC Rotation–SC Lokomotive (1:2) in das neuerbaute Leipziger Zentralstadion. Laut „ntv“ packen in 16 Monaten Bauzeit 180 218 freiwillige Helfer bei 735 992 Arbeitsstunden mit an. Das war noch Sozialismus.

Weniger als 1000 Menschen - unter diesem Aspekt ist eine Kehrtwendung von Gladbach-OB Reiners sechs Wochen nach der großzügigen Spielerlaubnis für das Borussen-Duell vor 54 000 Besuchern so skurril wie der Minusrekord bei Tasmania. Im „WDR2“-Interview kritisiert er den Plan, die Saison mit Geisterspielen zu beenden. Grund sind die Borussen-Fans, die sich beim Derby am Stadion versammelt hatten: *„Stand jetzt hätte ich große Bedenken ... wenn nicht sichergestellt werden kann, dass die Regeln ... dann auch tatsächlich eingehalten würden.“* Weiter: *„Wir haben ... die Erfahrung gemacht, dass sich mehrere Hundert Zuschauer vor dem Stadion auch durchaus* *dicht gedrängt versammelt haben."* Reiners' Einschätzung: *„Weder die Bundes- noch Landesregierung werden uns vor Ort die Verantwortung abnehmen können."*

Die Verantwortung teilen können indes diejenigen, um die es geht: die Fans. Sie tun es später auch – bundesweit bleiben befürchtete Rudel vor Geisterspielstätten weitgehend aus. Begleitet wird die Phase von Mitte Mai bis Anfang Juli von einer anhaltenden Diskussion. Irgendwann drehen sich die Argumente im Kreise. Die einen fragen, wie man kleinen Kindern erklären solle, dass sie nicht auf den Spielplatz dürfen, wenn zugleich junge Männer dem Ball nachjagen. Und wieso die Profikicker en masse Testmaterial verbrauchen, das beim medizinischen Personal händeringend nachgefragt wird. Andere wollen wissen, warum nach einem gelockerten Lockdown nicht auch Profifußballer wieder wie andere ihrem Beruf nachgehen können.

Bleibt zwischen vollen Stadien und Geisterspielen eine neue Spezies, die zu den Stilblüten der Pandemie gehört - die Pappkameraden. Im März greift das Fanprojekt Mönchengladbach (FPMG) eine Idee aus dem Umfeld auf. Es bietet für 1900 Cent lebensgroße Pappfiguren (aus wetterfestem PVC) mit Porträt des Bestellers an. Der Erlös geht an karitative Zwecke, die Jobsicherung beim Fanprojekt sowie die Stützung zweier kleinerer Druckfirmen. Die Aktion wird als „kreativ" beklatscht. „Sei dabei. Trotzdem!" wirbt das Fanprojekt. *„Damit erreichen wir als erster Verein, dass das Stadion doch ein wenig ‚Leben' bekommt und Fans anwesend sind, obwohl sie in Wahrheit das Spiel zu Hause verfolgen müssen."*

Kurz darauf schließt sich das FPMG den deutschen Fanszenen an und lehnt die Geisterspiele rundweg ab: Eine Saison-Fortsetzung wäre ein *„blanker Hohn gegenüber dem Rest der Gesellschaft und insbesondere all denjenigen, die sich in der Corona-Krise wirklich gesellschaftsdienlich engagieren"*.

Irgendwer muss den Leuten vom Fanprojekt den inhaltlichen Widerspruch zwischen ihrer lustigen Mitmach-Aktion und der mittelbaren Teilhabe an verhöhnenden Geisterkicks vermittelt haben – vielleicht sind sie auch von allein darauf gekommen. Die Lesart ändert sich erneut. Nun ist es eine „Mahn-

Pappkameraden in der Nordkurve des Borussia-Parks, unter ihnen Sportdirektor Max Eberl. Foto: Imago/Revierfoto

wache“: *„Seht her! Ohne uns, den Fans, geht es dauerhaft nicht.“* Spätestens jetzt hat sich das Fanprojekt (nicht nur grammatikalisch) um Kopf und Kragen geredet. Sind doch Pappkameraden ein Minus gegenüber Menschen aus Fleisch und Blut und werden so im übertragenen Sinne abwertend als Begriff benutzt. 20 000 Pappen hängen am Ende im Park – letztlich ist die Symbolik auch ein Akt von kollektiver Selbstentwertung. Und Kapitulation vor den Fußball-Bossen, die doch gerade vorführen, dass sie ihr Geschäft auch ohne leibhaftige Stadion-Fans besorgen können. Am Ende verweigern sich die Ultras: *„Die trostlose Kulisse leerer Stadien ist genau das, was diese Spiele darstellen und verdienen. Wir halten die Pappfiguren-Aktion daher für kontraproduktiv. Den gut gemeinten, karitativen Gedanken dahinter verstehen wir, halten das Signal jedoch für falsch.“*

Die hohe Zahl bekennender Pappen-Kunden lässt dennoch eine andere Deutung zu: Die Verbundenheit vieler Fans ist so groß, dass sie auch die Schmähung durch einen Ausschluss klaglos ertragen. Selbst im Gästeblock des Borussia-Parks tauchen die Pappen auf. Als Bayer Leverkusen am 23. Mai antritt, hat der Fanclub „Haberlands Erben“ ins Portemonnaie gelangt und einige Kameraden für 19 Euro pro Kopf platzieren lassen: *„Viele werden es nicht verstehen; aber wir werden morgen im Gästeblock vertreten sein. Zwar nicht persönlich, aber die Charity-Aktion vom Fanprojekt Mönchengladbach wollten auch wir unterstützen.“* Und zur Vorsicht: *„Ehe das jemand falsch versteht. Auch wir sind gegen Geisterspiele.“*

Im Gedränge von tatsächlicher oder scheinbarer Solidarität, von eigenständiger oder verwalteter Verantwortung, von ethischer Überzeugung und bloßem Bla-Bla fällt das Ziel zur Saisonbeendigung trostlos aus: 163 Geisterpartien für die letzten neun Spieltage mit maximal 300 Personen – bis zu jeweils 100 Menschen für Innenraum, Tribüne und Peripherie. Kann man alles runterfahren, meint „Sport1“ ungerührt. Wozu brauche man denn Zeugwarte und Busfahrer im Stadion? Oder auch Präsidenten? Beim Derby waren Logen für die Bosse Rolf Königs und Werner Wolf mit Zuteilung von jeweils 20 Tickets geöffnet. Das Portal „geissblog.koeln“ listet auf: *„Der FC kam mit zwölf Vertretern, darunter ... Vorstandsberater Jörg Jakobs* *und Mitgliederrat Stefan Müller-Römer. Die Gladbacher hatten einige Vertreter mehr im Stadion.* " Das Online-Portal „Der Westen" vermeldet Empörung per „Twitter", weil Wein trinkende und Snacks verzehrende Gäste auf der Haupttribüne gesichtet wurden. An „feierlich eingedeckten Tischen", wie der „Tagesspiegel" anzüglich schreibt. Ein User: *„Schön, dass die VIP-Logen nicht leer waren. Eine jahrelang gezüchtete Mehrklassengesellschaft lässt man sich doch von einem Ereignis wie Corona nicht einfach so von heute auf morgen kaputtmachen.* "

Auch wenn es „nur" die Vorstandsassistenz und andere „Fohlen"-Mitarbeiter waren - das ist starker sarkastischer Tobak mit einer Prise „Ihr da oben, wir hier unten". Da rückt der Kommentar „Rote Karte für Geisterspiele" von Hugo Müller-Vogg im Politmagazin „Cicero" in den Blick. Er stellt die Fortentwicklung des alten Postulats „Brot und Spiele" hin zum modernen „Kurzarbeitergeld und Fußball" fest.

Führt man das lateinische „panem et circenses" auf seinen Ursprung zurück, ist das durchaus nachvollziehbar. Mit diesem Begriffspaar beschrieb der Satiriker Juvenal (60-130 n. Chr.) die Politik des Machterhalts der römischen Kaiser: *„Für diese zweifelhaften Geschenke hat das römische Volk ... auf seine Rechte als Souverän verzichtet.* " Zur kostenlosen Verteilung von Getreide gab es Massenunterhaltung vom Gladiatorenkampf bis hin zum Wagenrennen. Der Wuppertaler Althistoriker Karl-Wilhelm Weeber schrieb 1999 unter Beifügung zahlreicher Beispiele: *„Es gibt wohl keine bessere Bestätigung für die These, dass die Brot-und–Spiele-Politik im Sinne einer permanenten ‚Bestechung' der hauptstädtischen Masse und einer ständigen Gunstbuhlerei von Seiten des Kaisers das politische Fundament der römischen Kaiserzeit gewesen ist.* "

Nun sind römisches Gratisbrot und Kurzarbeitergeld als Lohnersatzleistung im Sozialstaat nur unter Verrenkungen vergleichbar. Und schaut man sich den umstrittensten Kick-Protagonisten in der Corona-Krise an, müsste es wohl eher „carnem et circenses" (Fleisch und Spiele) heißen: Clemens Tönnies, stinkreicher Billigfleisch-Produzent und lange Chef des Aufsichtsrats von Schalke 04, erzeugt im Juni mit einem Schlachthof Masseninfektionen in den Kreisen Gütersloh und Warendorf. Der Vergleich mit den kaiserlichen Römern hinkt aber: Tönnies sorgt nicht im Stadion mit subventionierten Würstchen für das Wohl von Verein und Fans, sondern mit üppigen Krediten aus der Privatschatulle.

Ob die Steigerung der Infektionsraten durch Umwälzprozesse am Arbeitsplatz, Werkverträge mit Massenmenschhaltung beim Wohnen oder, wie Tönnies vorträgt, durch urlaubsbedingten Virus-Import der osteuropäischen Arbeiter über Fronleichnam verursacht ist, spielt am Ende keine Rolle mehr. Doch Tönnies will für die zeitweilige Schließung seiner Fabrik eine Entschädigung vom Land NRW nach den Vorschriften des Infektionsschutzgesetzes. Am Saisonende bilden 1500 Fans der Knappen eine Menschenkette: *„Schalke ist kein Schlachthof - gegen die Zerlegung unseres Vereins"*. Auch Ex-Profi Yves Eigenrauch, UEFA-Cup-Sieger von 1997, ist unter den Protestierern. Am 30. Juni legt Tönnies alle Schalke-Ämter nieder. Zugleich macht das Gerücht die Runde, NRW helfe dem Klub mit der Zusage einer 30-Millionen-Bürgschaft.

Soweit zum römisch-ökonomischen Aspekt der Doppelstrategie. Doch was ist mit den Spielen? Sind es nicht die Regierenden, Markus Söder (Bayern) und Armin Laschet (NRW), die nach dem Lockdown mächtig auf einen Fußball-Neustart drängen - ob nun zur Vermeidung einer „unbeherrschbaren" Bevölkerung oder aus persönlichem Machtstreben? Mit der Frage versteckt sich sicher noch keine Verschwörungstheorie unter dem Aluhut.

Eher bei diesem ideologischen Ansatz: Voller Bauch und leerer Kopf – beide Male sind die Massen satt. Da kommen die düsteren Dystopien der englischen Schriftsteller Aldous Huxley und George Orwell ins Spiel. Ihre Romane „Schöne neue Welt" und „1984" haben bei aller Verschiedenheit eines gemeinsam: die Absicherung eines Herrschaftssystems durch Ablenkung mit Konsum sowie Beseitigung von Bildung. Im gewaltfreien Weltstaat von Huxley gelingt das durch Wohlfühldroge, Permanent-Sex und Produktbefriedigung, die der Gesellschaft das Hinterfragen ihrer Weltordnung austreiben. In Orwells Ein-Partei-Staat der Überwachung dient das Kicken explizit als Mittel, die 85 Prozent des Volks ausmachenden „Proles" zu fixieren: *„Filme, Fußball, Bier und Glücksspiel erfüllten den Horizont ihrer Gedanken. Sie unter Kontrolle zu halten, war nicht schwer."* Da feiert auch US-Schriftsteller Neil Postman fröhliche Urständ', der 1985 mit „Wir amüsieren uns zu Tode" Furore macht. In seiner Medientheorie rechnet er mit dem Fernsehsystem der Zeit ab: Das „wortbestimmte Zeitalter der Erörterung" werde durch das „bildbestimmte Zeitalter des Showbusiness" ersetzt.

Gedanklich muss man nicht allzu kühn sein, um 35 Jahre später auf Geisterspiele im Bezahlfernsehen zu kommen. Begleitmusik orgelt die „Frankfurter Rundschau": *„Da geht es nicht nur um wirtschaftliche Interessen der Klubs, sondern um weiche Faktoren, um moralischen Halt, um Zerstreuung, ganz profan: Ablenkung."* Beinharte Gegenposition bezieht das „NDR"-Satire-Magazin „extra 3": *„In Stadien, in die kein Fan reinkommt, spielen Spieler, die kaum trainiert haben, für einen Bezahlsender, den fast keine Sau sieht und den man öffentlich nur in Kneipen gucken kann, die erst mal noch zu haben."* Dann wird es ernst, ein gestandener Trainer naht. Markus Weinzierl sagt bei „dpa", Fußball könne Begeisterung schaffen und Ablenkung bieten: *„Wenn es mit den Regeln und der Politik vereinbar ist, wird es allen nur gut tun ..."*

Die „Ablenkung" wird recht unterschiedlich interpretiert. Nicht jeder ist so unerschütterlich wie Rolf Eckers in der „Westdeutschen Zeitung": *„Die Bundesliga zerbricht. Wollen wir das? Fußball ist für Millionen Menschen von zentraler Bedeutung, emotional ist er systemrelevant. Wenn die Politik Fußball zulässt, erlaubt sie die Zerstreuung des Volks in schwierigen Zeiten."* Anders der „Spiegel" zum „Orwell-Jahr" 1984 über die elektronischen Medien: *„Im demokratischen System übernehmen sie die Aufgabe ablenkender Berieselung und Anästhesierung, im totalitären die der schieren Propaganda. Sie treffen sich ... dem berieselten Menschen das eigentlich Nötige abzunehmen - das Denken."*

Als 1997 die Revier-Rivalen Borussia Dortmund und Schalke 04 fast zeitgleich zwei Europapokale gewinnen, doziert die „Süddeutsche": *„Der Ruhrpott ist kaputt, aber er strahlt ... Millionen von Arbeitslosen und Sozialhilfeempfängern haben endlich* *wieder etwas zu lachen. Brot und Spiele heißt das Rezept, und wenn das Brot knapp zu werden beginnt, müssen's die Spiele allein herausreißen. Oder, wie Karl Marx zu sagen pflegte: Fußball ist Opium fürs Volk.*" Etwas unpräzise: Marx sagt in seiner Kritik der Hegelschen Rechtsphilosophie 1844: „Sie (die Religion) ist Opium des Volks." Lenin wird rund 60 Jahre später „Religion ist Opium *für das Volk*" zugewiesen. Nur ein akademischer Streit um des Revoluzzers Bart.

Den noch fehlenden Bogen zur Religion schlägt der eingangs erwähnte Verhaltensforscher Desmond Morris: *„Fußball ist ein Weltsport. Der einzige. Und so oft über jene Liebhaber, die den Fußball leidenschaftlich gern zur Religion erklären, gelächelt wird, so viel Wahrheit liegt in dem Vergleich verborgen. Genau genommen ist der Fußball in seiner internationalen Vollkommenheit die Über-Religion. Ein sportlicher Kampf, den Christen wie Hindus, Muslime wie Buddhisten immer und überall nach gleichen Regeln führen."*

Unverfänglich geben sich nach dem Liga-Neustart im Mai die Politiker. Die „FAZ" meldet Lob von Bayerns Landesvater Söder und seinem NRW-Pendant Laschet. Sie merkt zugleich an, dass beide Herren im Vorfeld Verfechter des Projekts waren, *„so dass die positive Beurteilung einem Eigenlob nahekommt"*.

„Ein gelungenes Experiment", jubelt Söder vehement im „Doppelpass" von „Sport1". Deutschland sei viel besser als andere Länder durch die Corona-Krise gekommen, und die Bundesliga sei auch die erste große Liga, die wieder spiele: *„Jetzt setzen wir wieder ein Signal dafür, wie wir es können."* Oh je, da landet aber der Doppelpass mit der Demut ganz weit im Seitenaus ... Die missratene Vorlage kommt von Kölns FC-Sportvorstand Heldt, der prahlt: *„Wir haben auf der ganzen Welt Bewunderung erfahren. Ich glaube auch, dass die Liga eine Blaupause geschaffen hat."*

Söder-Kollege Laschet ist derweil bei „Bild live" ausnahmsweise wohl doch mehr für das Fremdlob zuständig. Er schwärmt: *„Genau das vorsichtige Hineintasten in eine verantwortungsvolle Normalität, die wir alle wollen. Die Fans wissen, worauf es ankommt."* Die Politiker wohl auch.

Entwicklung der Zuschauerzahlen in der Fußball-Bundesliga von 1963 bis heute (Auswahl)			
Saison	Zuschauer in Millionen gesamt	Durchschnitt pro Spiel	Anzahl Vereine
1963/64	5,909	24624	16
1965/66	7,094	23185	18
1970/71	6,322	20661	18
1972/73	5,014 (1)	16387 (2)	18
1975/76	6,768	22119	18
1980/81	6,895	22535	18
1985/86	5,405	17665	18
1990/91	6,275	20508	18
1991/92	8,600	22634	20 (3)
2000/01	8,696	28421	18
2005/06	11,686	38.191	18
2010/11	13,057	42637	18
2011/12	13,805 (4)	45116 (5)	18
2015/16	12,980	42421	18
2019/20	9,112 (6)	40865	18
(1) + (2) = Schlechtestes Ergebnis in 57 Bundesliga-Spielzeiten (Saison nach dem ersten Bundesliga-Skandal)			
(3) = Einmalig 20 Vereine in der Bundesliga (erste gesamtdeutsche Saison nach der Wiedervereinigung)			
(4) + (5) = Bestes Ergebnis in 57 Bundesliga-Spielzeiten			
(6) = Corona-Spielzeit, Geisterspiele ab 26. Spieltag			
Quellen: DFB, Eigenrecherchen			

Bücher über den Fußball

Stephan Tönnies

Die kleine HSV-Geschichte
Charlys Perücken-Problem,
Happels Sprüche und der verrückte
Budenzauber von Nizza
Fußball-Geschichten, die nur der Hamburger SV schreibt.

88 Seiten, zahlr. S/W-Fotos,
gebunden, Hardcover
ISBN: 978-3-945608-27-2

Hans-Joachim Malli · Peter Skubowius

Weißt du noch?
1. FC Magdeburg
... vom Käse im Kuip,
einem Tor für die Ewigkeit
und der langen Rückkehr in den Profifußball ...
Geschichten und Anekdoten
88 Seiten, zahlr. S/W-Fotos,
gebunden, Hardcover
ISBN: 978-3-945608-06-7

Herkules Verlag • Landgraf-Karl-Str. 27 • 34131 Kassel
(0561) 31 74 36 46